L'HARMONIE DE L'UNIVERS

C'EST

L'UNITÉ DE LA NATURE.

TOUS LES PEUPLES ONT CHANTÉ LE

CRÉATEUR !

GLORIFIEZ VOTRE DIEU PAR VOS CHANTS,

MORTELS

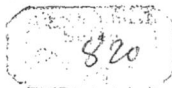

qui vivez ; car lorsque vous aurez disparu, les races futures accorderont

leurs voix et leurs instruments de musique pour célébrer le

DIEU DES UNIVERS.

(GILBERT.)

1856

ÉCRITS SUR LA MUSIQUE

Tous les ASTRES gravitent dans l'espace, chacun suivant la route que lui a tracée le CRÉATEUR, les saisons se succèdent périodiquement, le mal nous impressionne péniblement, mais le bien nous inspire un sentiment tout contraire. N'est-ce pas une HARMONIE DIVINE qui règle le mouvement des astres et la succession périodique des saisons? N'est-ce pas elle aussi qui établit en nos cœurs l'accord parfait des bons sentiments, et qui nous avertit, par le mal-être que nous ressentons, que l'harmonie morale est blessée lorsque le mal se produit dans quelque sphère que ce soit. Tout s'harmonise donc dans la belle nature, et de l'harmonie en toutes choses résultent les puissants effets que font naître des causes bien ordonnées.

Les Sauvages adorèrent des idoles ; les barbares et les peuples de l'antiquité. invoquèrent leurs faux dieux, et les nations civilisées implorent l'ÉTERNEL. Les sauvages, les barbares, et tous les peuples civilisés chantèrent et firent de la musique pour glorifier l'ÊTRE SUPRÊME qu'ils adoraient suivant leurs usages et leurs opinions ou selon les *dogmes* de la *vérité*. La MUSIQUE naquit donc presque en même temps que le monde, alors que les mortels se creusaient des cavernes pour s'y mettre à l'abri des rayons brûlants du soleil ou de la rigueur des frimas.

Tout concourt à l'unité harmonique : à l'aube du jour le soleil, apparaissant à l'horizon, dit à l'aimable nature : « RÉVEILLE-TOI ! ! ! » Aussitôt les petites alouettes, chantant le SEIGNEUR, se jouent devant les rayons diffus de l'aurore, les *oiseaux* gazouillent en voltigeant de branche en branche, le papillon suit le *zéphir* ou s'arrête sur la *fleur* qui vient de s'épanouir ; l'*angelus* sonne au village et le laboureur va travailler aux champs. Dès que le flambeau radieux du jour a disparu à l'occident, l'astre des nuits, avare de la lumière qu'il emprunte au soleil, dit impérieusement : « REPOSEZ-VOUS ! » Alors le timide crépuscule s'enfuit, les ombres de la nuit s'élèvent en s'unissant pour accompagner la reine des ténèbres. La *rosée* secoue son humide manteau ; des vapeurs floconneuses et transparentes, qu'on prendrait pour une nappe d'eau, se suspendent au-dessus des prairies, et la tendre Philomèle entonne ses chants nocturnes pour rappeler le soleil. Et voici le *matin !...*

Tandis que TUBALCAIN forgeait des instruments d'airain et de fer, dit l'ÉCRITURE, JUBAL inventait des instruments de musique. Nous pouvons conclure de ces assertions bibliques que les sons primitifs de la voix humaine, le ramage des oiseaux, le murmure du ruisseau, le grondement de la mer, le sifflement de la tempête, enfin le bruit effrayant de la foudre donnèrent à l'homme l'idée d'imiter d'abord d'une façon quelconque les phénomènes de l'acoustique naturelle, puis d'en découvrir les lois ; de placer à la suite et de combiner les uns avec les autres les divers sons qu'ils adoptèrent, selon le système musical du pays ; de là les airs et les chants nationaux.

L'ORIGINE de la MUSIQUE, comme nous le prouve le plus ancien usage, remonte à l'enfance des peuples ; cet art ne se prête pas moins à l'expression symbolique de la volonté que le geste et la parole.

TUBALCAIN fabriqua des TROMPETTES et des ZALZELIMS, traduits dans la Vulgate par CYMBALES, dont le bruit est éclatant.

Quant au TYMPANUM, comme dit CALMET, il est probable qu'il

consistait en une peau tendue sur laquelle on frappait plus ou moins fort. L'Ecriture nous dit aussi que JUBAL fut l'inventeur de l'instrument appelé HUGAB, et de la CITHARE ou PSALTÉRION, mot d'origine *chaldaïque* et *grecque*. GENÈSE VI-IV, verset 21 : « Jubal fuit pater... *cithara* et *organo*. »

A peine les eaux se furent-elles retirées de la surface du globe terrestre, après le déluge universel, que les descendants de NOÉ élevèrent la tour gigantesque de *Babel*. Mais quand la confusion du langage eut multiplié les idiômes, les hommes se dispersèrent par troupes dans différentes parties du monde. Alors naquirent les peuples de la TARTARIE CHINOISE, de l'ÉGYPTE, du PARAGUAY, de la GUYANNE SAUVAGE, du BRÉSIL, du PÉROU, des PAYS TURCS et PERSANS, enfin ces nombreuses hordes qui peuplèrent le nord et s'étendirent bientôt sur tous les points de l'occident en s'unissant ainsi aux peuples orientaux.

Déjà ces nations barbares élevaient des cités sur les principaux points du globe. Le *peuple* d'*Israël*, l'un des rameaux de la souche sémitique, se dirigeait vers la terre promise, tandis que les Pharaons affermissaient leur pouvoir en *Egypte* ; l'empire *chinois* élevait ses formidables murailles ; enfin, les descendants de NOÉ étendaient leur domination sur le monde entier.

Chez les premiers HÉBREUX, la musique fut dès sa naissance une marque d'honneur et servit de symbole...

« Pourquoi, dit LABAN à JACOB (dans l'*Écriture*), pourquoi m'avoir quitté secrètement?... Si tu m'avais prévenu, je t'aurais fait accompagner par des TAMBOURS, des HARPES et des CHANTS JOYEUX !..... » C'est ainsi que parlait *Laban* l'an 1700 avant *Jésus-Christ*. Cet exemple sacré et tant d'autres que je pourrais citer, prouvent que, dès la plus haute antiquité, l'art sublime de la musique était honoré d'un culte touchant dans le sanctuaire du foyer domestique.

L'expression hébraïque NEGHINOTH, traduite dans les *Sep-*

tante par le mot correspondant HYMNE ou CHANT SACRÉ, et dans la *Vulgate* par CANTIQUE , *poëme lyrique* consacré à la gloire de DIEU , signifie à la lettre : les personnes qui jouent des instruments ou les pièces de musique qu'on chante ou qu'on joue sur ces instruments. C'est dans le sens de NEGUINOTII que parlait LABAN au sujet des chants joyeux, parce que du temps des patriarches la musique était toujours chantée en l'honneur de l'ÉTERNEL.

Dieu ordonne à JOSUÉ de passer le *Jourdain* à la tête de son peuple ; les hérauts publient l'ordre du départ au son de la trompette, et la musique suit l'arche du Seigneur !

C'est encore au bruit des SEPT TROMPETTES *du* JUBILÉ que JOSUÉ fit sept fois le tour de la fière et menaçante JÉRICHO , et ce fut le septième jour que les murailles hardies de cette cité s'écroulèrent au cri que jeta tout *Israël.*

(1645.) Trois mois après la sortie d'*Égypte*, les ISRAÉLITES campèrent non loin du SINAÏ. Le grand prophète MOISE gravit cette montagne complétement entourée d'épaisses vapeurs ; là , il reçut les douze commandements. Le sol du Sinaï était tout fumant , des éclairs brillants jaillissaient de toutes parts ; et le peuple, tremblant de respect et de crainte, était humblement prosterné dans la poussière. Le prophète voyait face à face l'ÉTERNEL, et il en recevait les lois sacrées au son terrible du SCHOPHAR (Josué, VI 3, 4, 5). Le SCHOPHAR, selon l'ÉCRITURE, était une *trompette de grandeur prodigieuse* dans laquelle soufflaient les chérubins. Après avoir reçu par deux fois les lois divines, MOÏSE les porta aux Israélites et les fit déposer dans l'arche d'alliance construite pour cet usage ; il fit fabriquer dans le désert deux chazozeroth ou trompettes d'argent, dont lui seul et le grand-prêtre AARON se servaient pour rassembler le peuple , lorsque MOÏSE avait à lui parler de la part de DIEU. Plusieurs autres trompettes assez semblables aux chazozeroth furent fabriquées en cuivre : celles-là servaient dans toutes les *cérémonies religieuses*, qui étaient toujours célébrées au son de la *musique*.

Dans les combats retentissait de tous côtés le son puissant des JOBELA, dont parlent les rabbins dans le LÉVITIQUE; ce sont probablement des *trompettes* à peu près semblables à ce qu'on appelle aujourd'hui CLAIRONS (du latin CLARUS, clair, *sonore*, *retentissant*), parce que le son de cet instrument est clair, éclatant et sonore. Comme toutes ces sortes de *trompettes* étaient incommodes à cause de leur trop grande dimension, les *Hébreux* en fabriquèrent une foule d'autres plus petites et par conséquent plus portatives. Plus tard, les *Hébreux* ainsi que d'autres peuples voulurent supprimer la partie évasée des *trompettes* appelée *pavillon*; mais ils s'aperçurent que, par ce retranchement, ils avaient rendu ces instruments incapables de rendre des sons distincts. Alors on imagina de percer des tubes en divers endroits, de boucher une des extrémités et d'aplatir l'autre; peu à peu, après de nombreux tâtonnements, on modifia ce nouvel instrument qu'on nomma CABIL, mot employé par ISAIE. On jouait de cette espèce de flûte en métal, en soufflant par le trou aplati, appelé embouchure, pendant qu'on bouchait alternativement, avec les doigts, un, deux, trois trous, etc..... ainsi que le fait un flûtiste.

Le tube métallique du CABIL fut remplacé ou par un roseau creux (CALAMUS, CHALUMEAU) ou par un tube de bois (espèce de HAUTBOIS), et, chose singulière! le chalumeau, flûte ou galoubé, qui servait anciennement à accompagner les chansons pastorales ou à imiter le chant des oiseaux, donna l'idée aux ALLEMANDS d'inventer le PFEIFFE ou FIFRE.

La source historique de l'invention des pipeaux doubles est trop fabuleuse pour qu'on ait la prétention d'en trouver la véritable origine. Cependant, il me paraît presque certain que l'invention des flûtes, des pipeaux et, en général, de tous les instruments de ce genre, doit remonter à la plus haute époque de l'histoire ancienne, sans avoir aucun rapport d'origine avec le CHAZOZEROTH; mais je le rapprocherais plutôt du HUGAB, traduit dans la VULGATE par

ORGANA ou ORGANUM, instrument à soufflet fort en usage chez les Hébreux, et dont MOISE fait remonter l'invention bien au delà du déluge universel. C'est du HUGAB ou ORGANUM que parle VIRGILE qui, dans son *Églogue* II, en attribue l'invention au faux dieu PAN : « Primus PAN calamos conjungere plures instituit, » et Pan, le premier, inventa l'assemblage de plusieurs roseaux. L'étymologie de ORGANUM veut dire : aimer éperdûment. C'est à cause de cette prétendue invention que les mythologues appellent l'ORGANUM FLUTE DE PAN.

D'après une autre opinion, qui nous paraît mieux fondée, voici quelle serait la véritable raison du nom de flûte de *Pan* donné à l'instrument dont il s'agit : en grec, (Pan) signifie TOUT, et les anciens, sous cette dénomination, adoraient le monde divinisé. Ce monde passait pour être sous l'influence de sept planètes, qui, comme CICERON le rapporte dans le SONGE DE SCIPION, rendaient chacune un son identique à l'une des sept notes de la musique; la réunion de ces sept corps célestes passait donc pour la flûte du *dieu Pan*, c'est-à-dire de l'être divinisé qui condensait en lui la création tout entière. (Voir l'image symbolique de la flûte de Pan.)

L'ORGANUM des *Hébreux* était quelquefois à soufflet, comme le sont nos orgues, et il se composait de l'assemblage de plusieurs tuyaux bouchés à leur extrémité inférieure, comme ceux du SIAO des CHINOIS, et presque semblable à la flûte de Pan, comme on le voit dans le dessin. Les tuyaux de cet instrument étaient graduellement placés à la suite l'un de l'autre, soit par des joncs ou par tout autre lien, ou disposés sur une espèce de châssis en bois ; enfin, leur arrangement entre eux ressemblait à celui des tuyaux de nos grandes et petites ORGUES, qui reçurent leur nom étymologique de l'ORGANUM primitif.

MOISE fit aussi fabriquer le THOF ou TAMBOUR ; cet instrument était fait d'une peau d'animal quelconque, entièrement dépourvue de poils, tendue et sanglée sur un cercle de bois ou sur une marmite soit en bois soit en terre cuite ; on frappait sur cette peau avec une verge ou une baguette. Le THOP servait principalement dans les réjouissances publiques et dans les grands festins. Ce genre de TAMBOUR fut adopté par presque tous les peuples qui habitaient à cette époque les différentes parties du globe. ZACHARIE parle formellement des cloches. (Zacharie XIV, 20.) Les CLOCHES étaient d'un usage journalier avant Moïse, qui, lui-même, en fit attacher soixante-douze en or à la robe de couleur hyacinthe du grand prêtre. Le MAGRAPHE TÈMID était une sorte de cloche qui servait à convoquer le peuple. Le SISTRE était un cercle ou un triangle en métal, muni d'un manche, aux branches duquel tournaient librement plusieurs anneaux de même nature. Le MACHUL était une espèce de SISTRE. Cet instrument servait à marquer la mesure par ses vibrations stridentes, alors qu'on le frappait séchement avec une verge métallique. Quant aux noms et aux propriétés des autres instruments dont on se servait du temps de Moïse, il sera beaucoup mieux de les passer sous silence, à cause du doute qui règne dans les assertions traditionnelles dont ils ont été l'objet.

Voici un usage assez curieux, que Moïse créa à l'époque où il institua les *fonctions lévitiques* : l'un de ces prêtres (selon le règlement des lois) montait sur la plus haute montagne qui dominait le camp des Hébreux ; arrivé à la cime du mont, il sonnait du JOBEL, en dirigeant le pavillon de cet instrument du côté du camp, afin d'annoncer la NÉOMÉNIE ou nouvelle lune au peuple, qui n'avait alors aucun système annuel, mensuel ou horaire.

L'esprit du mal s'étant emparé de SAUL, DAVID fut appelé pour calmer les souffrances de ce roi par les mélodieux accords qu'il tirait de sa HARPE.

DAVID, ayant été élu *roi d'Israël*, à cause de son courage et de ses talents, devint l'un des plus grands lyriques du monde, dit l'ECRITURE. Il choisit quatre mille lévites ou prêtres sacrificateurs de la tribu de LÉVI, pour célébrer le *SEIGNEUR* par leurs chants et au son de leurs instruments ; il nomma CHONÉNIAS maître de la

2

musique et du CHŒUR des CHANTRES. Chonénias fut donc le PREMIER MAITRE DE CHAPELLE DU MONDE.

Les jours de grande fête, le roi DAVID, revêtu d'une robe de lin, chantait les hymnes sacrés, et c'est au son de sa CITHARE qu'il dansait devant l'arche du SEIGNEUR.

Il paraîtrait certain que la HARPE du *roi* David était cette petite harpe portative que les anciens appelaient TRIGONE (c'est-à-dire triangulaire); elle était d'origine Syriaque; les Egyptiens et les Perses s'en servaient fréquemment, et les Grecs en connaissaient parfaitement l'origine.

Voici ce que racontent les **CHINOIS** sur l'invention de la musique ; il nous a paru important, ne fût-ce que pour constater le génie original de cette nation, de rapporter ce récit, bien qu'évidemment fabuleux.

L'empereur HOANG-TI fit appeler LYNG-LUN et lui ordonna de régler la musique. LYNG-LUN partit pour le nord-ouest de la Chine, s'arrêta près de la source du fleuve Hoang-ho (*fleuve Jaune*) dont les eaux s'élèvent en bouillonnant ; puis, s'étant assis sur la berge, il se mit à souffler dans un bambou qu'il avait cueilli sur une haute montagne. Quel fut son étonnement lorsqu'il s'aperçut que le son rendu par le bambou dans lequel il soufflait était à l'unisson du murmure de l'onde écumante. Il rendait grâce à L'ÉTERNEL, lorsqu'un Foung-hoang (phénix) de cette contrée vint, avec sa femelle, se percher sur une branche d'arbre. Cet oiseau fabuleux se mit à chanter dans six tons différents et sa femelle lui répondit sur six autres notes. Lyng-lun, un peu revenu de sa surprise, s'empressa d'aller cueillir des bambous, qu'il divisa en douze parties et qu'il régla selon les douze sons qu'avaient chantés le phénix et sa femelle. Puis il revint auprès de l'empereur qui le combla de ses largesses à cause de sa précieuse découverte.

Désormais le nom de Lyng-lun retentit dans toute la Chine, l'an 2,296 selon les uns, 2,637 selon les autres.

HOANG-TY, *empereur* de la Chine, ordonne au savant LYNG-LUN, plus tard surnommé l'amphion *de la Chine*, de travailler à régler la *Musique*.

LYNG-LUN part peu de temps après et se dirige vers le pays de *Si-jong* ; arrivé dans cette contrée, il y cueille des BAMBOUS (*tchou*), qui croissaient sur les plus hautes montagnes; puis, muni d'une grande quantité de ces tuyaux, il revient auprès du monarque.

C'est devant l'empereur et quelques savants du pays, appelés mandarins, que le très célèbre Lyng-lun dépose les bambous qu'il a divisés chacun en plusieurs parties, d'inégales longueurs, en ayant soin d'en retrancher tous les nœuds; il en saisit un dont il a préalablement extrait la moëlle; et, le posant sur ses lèvres, il y souffle avec effort; mais, n'obtenant ainsi qu'un son bruyant et criard, il recommence à souffler modérément. Alors il s'aperçoit que le son qui sort de ce tube végétal n'est ni plus haut ni plus bas que le ton qu'il prenait lui-même lorsqu'il parlait sans être affecté d'aucune passion. Effet merveilleux, parce que, dans un tuyau aussi ouvert et aussi court qu'on peut le supposer, le souffle doit filer de part en part sans rendre de son déterminant une tonalité quelconque.

Ayant renouvelé cette expérience, il se prend à réfléchir longuement; après quoi, sortant de cette espèce de sommeil dont nous paraissons jouir paisiblement, alors que le corps en repos ne semble plus fonctionner dans aucune de ses parties extérieures, mais que l'esprit travaille et que l'âme contemple et cherche dans les vastes régions de l'intelligence, Lyng-lun se fait apporter des *graines de choux*, il les sépare selon leurs trois couleurs, trie toutes les noires de même grosseur, en emplit le tuyau qu'il a choisi, le secoue légèrement et le frappe par intervalles, de manière à ce que les graines roulent les unes contre les autres et s'entassent aussi étroitement que possible. Ayant ensuite vidé le tube et compté les graines qu'il renfermait, il annonce à tous qu'elles sont au nombre de douze cents.

Enflammé par cette découverte, il range l'une contre l'autre, dans leur plus petit diamètre, plusieurs de ces mêmes graines et, couchant le tuyau parallèlement à la ligne que forme la suite des graines noires, il les compte depuis une des extrémités du bambou jusqu'à l'autre; il en trouve cent. Ensuite, rangeant de la même manière les graines, mais dans leur plus grand diamètre, il en compte quatre-vingt-une. Trois graines noires, semblablement posées, mesurent le diamètre du tuyau que LYNG-LUN appelle HOANG-TCHOUNG. Après cette expérience, l'empereur et ses courtisans se retirent dans le KING (salle réservée exclusivement à l'empereur), et tous les curieux accompagnent l'illustre expérimentateur jusque chez lui.

Le lendemain, à peine le soleil a-t-il éclairé l'horizon, que LYNG-LUN demande audience à l'empereur. HOANG-TI le fait parvenir jusqu'à lui, l'encourage, monte sur son trône, tandis que les curieux, accourus de toutes parts, forment un cercle autour de LYNG-LUN. Le savant relit les notes et les nombres qu'il a tracés, et ce n'est pas sans être surpris qu'il s'aperçoit des termes comparatifs : *douze cents à cent, cent à quatre-vingt-un* et *quatre-vingt-un à trois*. LYNG-LUN se prend à réfléchir longuement sur les comparaisons relatives et proportionnelles de ces nombres, découvre le principe et invente le SYSTÈME *des* MESURES *de* CAPACITÉ et de longueur, encore en usage dans la *Chine*; pendant ce temps les auditeurs se livrent à diverses conjectures. Après que le silence s'est rétabli, LYNG-LUN se fait apporter des vases de terre cuite de capacités différentes, les remplit l'un après l'autre avec les graines noires triées jusqu'à ce qu'il en trouve un d'une capacité telle qu'il ne contienne, bord à bord, ni plus ni moins de douze cents graines. Il opère de la même manière dans des vases beaucoup plus petits, qu'il remplit successivement ; cette suite d'opérations fécondées par ses conjectures lui donne alors à penser qu'il doit y avoir DOUZE SONS NATURELS...

Depuis cette époque LYNG-LUN, aidé par de nouvelles expériences, fit adopter ses principes sur la musique et commença à régler cet art qu'on appela science des sciences.

Environ deux siècles avant JÉSUS-CHRIST, SSEMA-THAN, surnommé Taï-see-ling (c'est-à-dire premier historien), rétablit, autant qu'il lui fut possible, l'histoire des sciences abstraites et de la musique, qu'il appela science des sciences.

Le musicien KOUI, surnommé l'APOLLON de la *Chine*, disait à l'empereur CHUNG : « Lorsque je fais résonner les pierres sonores « qui composent mon superbe KING, les animaux les plus féroces « viennent se coucher à mes pieds pour écouter la mélodie de ma « musique sublime et je les vois tressaillir d'aise. »

KONG-FOU-TSEÉE ou CONFUCIUS se trouva dans le royaume de *Tsi*, où il entendit exécuter le célèbre morceau de CHAO, composé par KOUI : « Il ne put (dit l'histoire) penser à autre chose qu'à cette musique pendant plus de trois mois. Les fêtes les plus somptueuses et les mets les plus délicieux n'étaient même pas capables de faire sur ses sens la plus légère impression. »

Les CHINOIS distinguent huit espèces différentes de sons, et constatent, dans leur méthode authentique, que, pour les rendre, DIEU avait créé huit corps sonores et seuls capables de les reproduire. Ils prennent ces huit corps sonores dans les trois règnes de la nature, savoir : le règne animal, le règne végétal et le règne minéral.

Voici les huit corps sonores et les instruments qui en sont composés :

Le MÉTAL engendra :	les PO-TCHOUNG, cloches ; les TÊ-TCHOUNG, ou cloches sonnant la mesure ; le PIEN-TCHOUNG, instrument d'harmonie.
La PIERRE engendra :	le PIEN-KING, formé de pierres taillées en forme d'équerre.
Le BOIS engendra :	le TCHO ou TCHOU, instrument creux dont le marteau est fixé dans l'intérieur ; le LE-OU ou TIGRE ; le TCHOUNG-TOU, ou planchettes semblables à celles dont les Indiens se servent.
La PEAU engendra :	les FEU-KOU, espèces différentes de tambours.
Le BAMBOU engendra :	le SIAO, flûte de Pan ; . le YO et le TY, espèces de flûtes.
La CALEBASSE engendra :	le CHENG à treize tuyaux (aujourd'hui c'est la flûte des dames).
La SOIE engendra :	le KIN, dont les cinq cordes représentent le Soleil, la Lune, Vénus, Mars et Jupiter ; le CHENG, instrument peu différent du Kin, mais à vingt cordes.

La TERRE CUITE en- { le HIVÈN, qui a la forme d'un œuf et qui est percé de
gendra: { cinq trous, trois devant et deux derrière.

Le TAM-TAM, LOO ou GONG, instrument de percussion d'origine
chinoise, est un disque plus ou moins grand, d'un métal SONORE par
EXCELLENCE, dont le bord est un peu relevé en arrière. Le GONG de la
CHINE, que les ARISTOCRATES du NORD ont adopté en guise de CLO-
CHE, est susceptible de produire un son comparable à celui du tonnerre,
si l'on promène légèrement, sur sa surface et pendant quelque
temps, un corps moëlleux. En CHINE et dans diverses contrées de l'A-
SIE, l'on frappe le TAM-TAM avec un maillet, dans les réjouissances ou
pour donner un signal...

Les SONNETTES sont d'un usage si fréquent en CHINE, que presque tous les temples, les pagodes, les habitations, les objets d'art et
de luxe et les vêtements en sont ornés.

Les SONNETTES servent dans les réjouissances et dans les cérémonies funèbres, à exciter les rires ou les pleurs.

En CHINE, comme au JAPON, l'on suspend des sonnettes au cou des
criminels.

Le CHAPEAU CHINOIS, instrument de cuivre de forme conique,
au bord duquel sont attachées des clochettes de métal sonore, est dû
aux Chinois, qui en fabriquèrent les premiers, à la façon de leurs cha-
peaux de luxe.

La LOI CIVILE menace d'un grand châtiment quiconque oserait
ajouter une note d'agrément ou en retrancher une des chants sacrés
de TCHOUNG-YOUNG et du CHI-LING !!!

En 1769, l'empereur KANG-HI fit appeler les PP. GRIMALDI
et PÉRIERA; il fut on ne peut plus étonné lorsqu'il les entendit ré-
péter les airs qu'on avait exécutés devant eux, et qu'ils avaient eu
soin de noter sur des tablettes pendant qu'on les chantait.

Les CHINOIS ne connaissent pas l'usage des notes et des signes de
durée de notre musique, et ils n'ont point de signes variés pour

marquer la différence des mouvements, des mesures et de la notation
musicale, source de la MÉLODIE et de l'HARMONIE. Ils ont seulement
DOUZE CARACTÈRES appelés LU qui correspondent, selon leur système, aux caractères cycliques chinois qui désignent les heures, depuis
onze heures du soir (minuit pour eux) jusqu'à la même heure de la
nuit suivante. Les LU sont disposés en *trois catégories*: les douze
premiers sont GRAVES, les douze suivants sont MOYENS, et les douze
autres sont AIGUS. Les LU servent à désigner principalement la tonalité des airs, qu'ils apprennent au moyen d'exercices mnémoni-
ques.

Le premier LU s'appelle HOANG-TCHOUNG, c'est-à-dire principe;
on le nomme aussi HOUNG ou CONFUCIUS, en l'honneur de ce
philosophe.

Noms des *Lu*.	Notes.	Noms des heures.	Heures.
Hoang-tchoung	Fa	Tsee	XI minuit
Ta-lu	Fa dièze	Tcheou	I II
Tay-tsou	Sol	Yn	III IV
Kia-tchoung	Sol dièze	Mao	V VI
Kou-si	La	Tchen	VII VIII
Tchoung-lu	La dièze	See	IX X
Joui-pir	Si	Ou	XI midi
Lin-tchoung	Ut	Ouei	I II
Y-tsê	Ut dièze	Chen	III IV
Nan-lu	Ré	Yeou	V VI
Ou-y	Ré dièze	Hui	VII VIII
Yng-tchoung	Mi	Hai	IX X

Selon *François* CARON, de nombreux esclaves préparaient tous les jours de magnifiques repas dans douze appartements resplendissants de lumières et jonchés de fleurs, afin que le Daïry ou *Daïro*, souverain pontife et empereur héréditaire du Japon, pût recevoir dignement les savants et les musiciens qui venaient le visiter.

Les deux grandes villes japonaises, *Osaca* et *Nangasacki*, semblent, d'un commun accord, avoir adopté l'usage suivant : là, un homme de la police de nuit fait connaître aux habitants la *première heure* après le coucher du soleil, en frappant fortement sur un *Grand* TAMBOUR avec une baguette ; il annonce la *seconde heure* en frappant avec la même baguette sur un GUM-GUM (sorte de grand bassin en cuivre dont la percussion ne manque pas de sonorité) ; il indique la *troisième heure*, ou minuit, en agitant une espèce de CLOCHE, souvent même il la met en mouvement au moyen d'un morceau de bois ; quand l'aurore est arrivée, il en fait connaître l'apparition seulement par le *Son* de sa VOIX. On retrouve à peu près la même coutume dans certaines localités AFRICAINES.

En ASIE, différentes tribus se rassemblent la nuit, à une heure avancée, pour danser en chantant au son des *Instruments de Musique*.

Parmi les DANSES NOCTURNES, l'on remarque le Bou-Maï, espèce de *Ronde*, et la NATCHE. La *Natche, Danse de Caractère*, s'exécute habituellement au son d'une espèce de VIOLON à archet, d'un genre de TAMBOUR de BASQUE, d'une sorte de grande MANDOLINE et d'un TAMBOUR-CAISSE.

Après avoir pincé le nez de leurs morts, les INDOUS et plusieurs

3

autres peuples de l'*Asie* sonnaient bruyamment de la TROMPE, afin de s'assurer s'ils pouvaient les brûler ou les enterrer sans crainte. Le plus souvent les TROMPES employées à cet usage étaient faites de terre cuite et avaient beaucoup de rapport avec la CORNE de BŒUF dont se servent les chevriers.

JACQUEMONT et BURNES disent qu'il existe dans l'INDE et dans le PENJAB plusieurs Sectes Religieuses de mendiants vagabonds. Parmi eux, l'on remarque les *Soutras*, qui s'assemblent et se groupent en pleurant devant les passants pour en exciter la pitié. Si l'on refuse de leur donner, ils vous poursuivent avec acharnement en frappant l'une contre l'autre deux RÈGLES DE BOIS assez semblables au Takqa des Ethiopiens et des Egyptiens, et ils vous assourdissent par cette insupportable musique, jusqu'à ce qu'ils aient obtenu quelque aumône.

Les RAGHINIS ou NYMPHES MUSICALES de l'INDE étaient au nombre de *Trente*. Leurs *Poses* étaient *Cadencées,* leurs *Gestes Harmonieux,* leurs *Pas Rhythmés* et leurs *Glissades Mélodieuses.* Une Raghini, debout sur la margelle d'un puits et tenant d'une main la Balance en équilibre et de l'autre la LYRE du MONDE, représente l'*Art Musical.*

KISKUA semble être l'APOLLON des INDOUS. KISKUA, disent les BRAHMES, est toujours accompagné de neuf femmes d'une beauté remarquable. Leur occupation principale est de charmer ses oreilles par leur *musique* et par leurs paroles, et de récréer ses yeux en se groupant de différentes manières. Dans le dessin que nous offrons, les femmes de Kiskua forment un *Eléphant*, animal favori des *Indous.*

On reconnaît aisément, dans cet ensemble allégorique de la mythologie indostane, les éléments mystiques et divinisés du MONT-PARNASSE.

KISKUA représente APOLLON, ses femmes les neuf MUSES. Observons que les six d'entre elles qui portent des instruments de musique répondent aux six muses CLIO, THALIE, EUTERPE, TERPSICHORE,

ERATO et CALLIOPE ; enfin cet assemblage, qui constitue un Éléphant, est la figure du CHEVAL PÉGASE.

La JÉVVSHARP (*Guimbarde*) se compose de deux branches d'un métal sonore quelconque, entre lesquelles est fixée, par une de ses extrémités, une languette d'acier, qu'on peut faire vibrer d'une manière assez agréable lorsque l'espèce d'anneau que forment les deux branches est placé sans contact dans la bouche et que les dents serrent la partie où se trouve soudée la languette. L'origine de la *Jévvsharp*, dont on se sert encore dans l'ASIE-MINEURE, se perd dans la nuit des temps. Les sons graves de cet instrument ont beaucoup de rapport avec ceux du CHALUMEAU, ceux du *Médium* rappellent le timbre de la voix humaine ; enfin, les sons harmoniques résonnent comme ceux des plateaux ou des disques de l'HARMONICA, instrument trop connu pour que je le décrive.

Dans presque toutes les contrées des deux AMÉRIQUES et de l'AFRIQUE, les peuples et les hordes sauvages se servaient d'une espèce de *flûte* appelée GALOUBÉ ou GALOUBET, dont on fait encore usage en certains pays. Le GALOUBET s'appelait aussi FLUTE du TAMBOURIN (TAMBOUR PRIMITIF), parce que les AMÉRICAINS et les AFRICAINS accompagnaient presque toujours leurs chants au son de ces deux instruments qu'ils prétendaient inséparables.

Les PÉRUVIENS se servirent aussi d'une FLUTE et d'un TAMBOUR assez semblables au Galoubé et au Tambourin, et de là on peut croire que les CHINOIS en firent aussi usage, puisque les *Peuples Péruviens* semblent être d'origine aussi ancienne que les *Chinois* dont ils doivent descendre, selon toutes probabilités, si l'on considère attentivement leurs rapports fréquents, leurs mœurs singulières, la similitude de leur type, et, suivant GARCILASSO, l'usage des GUYPOS ou cordelettes de diverses couleurs et différemment nouées, qui, dès l'an 2953 avant J.-C., tenaient lieu d'écriture à ces deux nations.

Les MÉTIS d'INDIENS et de NOIRS, et d'autres races mêlées de plusieurs villes de l'AMÉRIQUE méridionale, dansent la BATTUQUE au son du GALOUBÉ, du TAMBOURIN et de plusieurs Instruments bruyants. Cette danse obscène, que les INDIENS aiment passionnément, fut importée en AMÉRIQUE par des *Hordes Barbares* AFRICAINES.

C'est au son d'un Sous-Genre de HARPE, du TAMBOURIN, du GALOUBÉ et d'une espèce de VIOLON que les enfants des deux sexes d'AMÉRIQUE (PÉROU) exécutent l'AYLLAS, danse fort gracieuse, qui consiste à danser autour d'une perche plantée en terre et du sommet de laquelle pendent autant de bandelettes d'étoffes de diverses couleurs qu'il y a d'exécutants. Chaque danseur tient l'extrémité d'un de ces rubans, afin de l'enrouler autour du mât, en dansant et en chantant.

Les peuples du SUD de l'AMÉRIQUE ont des chants d'un genre *Pathétique*, ce qui établit un contraste étonnant entre leurs COMPLAINTES et les PSALMODIES effroyables des CANNIBALES (Caraïbes) qui, en chantant, dévorent avidement leurs prisonniers, dont ils boivent le sang à pleine coupe.

Quand un CARAÏBE est mort, tous les sauvages de la tribu dont il faisait partie se rassemblent autour de lui au son de la TROMPE, et exécutent ensuite des DANSES LUGUBRES en poussant de grands cris concertés.

Les CARAIBES, habitants aborigènes des petites ANTILLES, célébraient leurs *Fêtes Religieuses* et Nationales par de longues promenades, pendant lesquelles ils dansaient en vociférant des syllabes et des cris concertés. Les hommes balançaient leurs jambes et élevaient ou abaissaient leurs bras en grimaçant, et les femmes accompagnaient ces gestes mimiques et ces hurlements cadencés en chantant une sorte de COMPLAINTE aussi effrayante qu'inexplicable : HEU ! HEURARE ! HEURA ! HEURARÉ ! HEU ! HEURA ! OU ! AH !... Ces chants étaient lugubres, et chaque SYLLABE passait périodiquement de la TONIQUE *à la* TIERCE et de la TIERCE *à la* TONIQUE, pendant que les instruments jouaient dans un ton quelconque et que tous les autres assistants murmuraient cette horrible CACOPHONIE.

Les INSULAIRES OCÉANIENS, qui professent le Polythéisme le

plus grossier, vocifèrent et sifflent des syllabes concertées en s'accompagnant au son de TAMBOURS. Ces hordes sauvages, parmi lesquelles on remarque les MALAISIENS, les POLYNÉSIENS et les AUSTRALIENS, chantent, en partie, pendant leurs cérémonies religieuses et dans les repas où ils assouvissent leur avidité sanguinaire en dévorant leurs prisonniers.

L'ÉGYPTE, dont l'empire fut fondé environ à la même époque que celui de la CHINE, devint, sous le sceptre des PHARAONS, une puissante monarchie. L'an 526 avant J.-C., elle fut subjuguée par CAMBYSE, roi des Perses; deux siècles après, ALEXANDRE-LE-GRAND la soumit, et, pendant près de trois siècles, elle vit refleurir les sciences et les arts sous les PTOLÉMÉES. Je répète textuellement : « Elle vit refleurir les « sciences et les arts; » néanmoins, nous verrons par la suite si l'Égypte brilla jamais au point de vue des arts; les exemples, les citations et l'analyse de faits constants nous le prouveront aisément.

La dénomination indigène de l'Égypte était anciennement KÉMÉ ou KÉMI, qui signifie NOIR dans les inscriptions hiéroglyphiques, et en langue qobte. Les GRECS l'appelèrent ϰιγοπ τος. Ce pays, enlevé aux GRECS par les ARABES musulmans, pendant le VIIᵉ siècle, obéit d'abord aux CALIFS de DAMAS et de BAGDAD, ensuite aux CALIFS FATIMITES.

Le grand SALADIN y devint fondateur des AIOUBITES, qui furent renversés par les MAMELOUKS. Enfin, les FRANÇAIS en firent la conquête en 1798, et cette contrée, tant de fois conquise et reprise par différentes nations, changea encore de face.

Si je donne quelques notions historiques sur les principales phases politiques et gouvernementales de l'Égypte, c'est afin de démontrer que le système musical de ce pays ne pouvait reposer sur des bases vraiment solides, à cause de la tourmente révolutionnaire et de l'agitation qui soulevaient et bouleversaient tour à tour ce malheureux pays.

La MUSIQUE fut *découverte* (selon quelques auteurs, comme le mentionne JEAN-JACQUES ROUSSEAU) peu après que la nappe diluvienne eut laissé à découvert la surface du globe. Ce qui, en ÉGYPTE, donna la première idée de la musique, ce fut le SON que rendaient les roseaux du NIL, alors que le vent soufflait dans leurs tuyaux. Selon d'autres, cet art prit naissance à l'époque où MERCURE TRISMÉGISTE (trois fois grand), secrétaire et confident du roi SÉSOS-TRIS, découvrit par hasard les LOIS DE LA SONORITÉ, jusqu'alors inconnues.

Voici ce qu'on raconte à ce sujet : MERCURE, se promenant au bord de la mer, entendit des sons mélodieux qui semblaient sortir des vagues agitées. Curieux de connaître la cause de cet effet merveilleux, il s'avança légèrement, puis, le pied suspendu, il se pencha pour mieux prêter l'oreille; bientôt, il s'aperçut que les sons mystérieux sortaient d'une carapace de Tortue, dont les nerfs desséchés et tendus vibraient sous le souffle du vent. Cette découverte singulière lui donna l'idée de construire une LYRE ANTIQUE à quatre cordes ou TÉTRACRODE.

C'est seulement à partir de SÉSOSTRIS que s'éclaircit un peu, en ÉGYPTE, l'histoire de la Musique.

Tous les pays où fleurirent les arts eurent leur APOLLON et leur MERCURE. Ecoutez ce que dit l'histoire sur l'APOLLON ÉGYPTIEN : APOLLON, fils d'OSIRIS, né de JUPITER et de NIOBÉ, ISIS ou IIO, se mit à la tête des MUSES, conduisit le char du Soleil, et civilisa le genre humain par la douceur de sa voix et par les sons harmonieux qu'il tirait de sa LYRE. Ses doigts effleuraient-ils les cordes de sa LYRE (CHELYS), sa voix retentissait-elle dans les airs, alors les fleuves suspendaient leur cours, les animaux féroces accouraient vers lui et venaient se coucher à ses pieds; enfin, la nature entière semblait s'arrêter et se taire pour écouter ses hymnes enchanteurs.

DIODORE dit qu'OSIRIS était amateur passionné de la Musique et de la Danse, et qu'il avait une troupe de musiciens, parmi lesquels on distinguait neuf jeunes filles instruites de tous les arts qui ont rapport à la musique ; ces NEUF MUSES étaient : CLIO, fille de JUPITER et de MNÉMOSYNE : elle présidait à l'HISTOIRE, et tenait d'une main une couronne de laurier et de l'autre une TROMPETTE de renommée ; MELPOMÈNE, déesse de la TRAGÉDIE, qu'on représente superbement vêtue, et un poignard à la main ; THALIE présidait à la COMÉDIE et à la POÉSIE LYRIQUE ; EUTERPE, qui inventa la FLUTE, présidait à la MUSIQUE : on la représente sous la figure d'une jeune fille couronnée de fleurs ; TERPSICHORE, tenant une HARPE, présidait à l'ART CHORÉGRAHIQUE (danse) ; ÉRATO chantait des poésies langoureuses en s'accompagnant sur une LYRE : à côté d'elle se cachait le charmant CUPIDON ; CALLIOPE représentait l'éloquence et la poésie héroïque, son maintien était fier et majestueux : elle tenait dans sa main droite une TROMPETTE ; URANIE, le compas à la main, mesurant les espaces et les corps célestes, représentait l'ASTRONOMIE ; enfin, POLYMNIE, le sceptre en main et haranguant les peuples, présidait à la RHÉTORIQUE. Ces neuf filles célestes habitaient, avec Apollon, les monts PARNASSE, HÉLICON, PIÉRIUS et le PINDE.

A peine la RENOMMÉE aux cent bouches eut-elle sonné dans l'univers le succès et les talents des neuf MUSES, que les PIÉRIDES, filles de PIÉRUS, roi de *Thessalie*, vinrent pour disputer la gloire à ces filles de JUPITER ; mais hélas ! les imprudentes PIÉRIDES n'ayant pu rivaliser avec les MUSES, dans cette *Lutte artistique*, les Dieux les métamorphosèrent en *Pies*.

JUBA dit qu'OSIRIS inventa le MONAULOS ou FLUTE simple à un seul tuyau et le PHOTINX ou FLUTE à deux tuyaux, ou droits ou courbes, ou dont l'un était droit et l'autre courbe, attachés l'un à l'autre par un lien quelconque, fixés un peu au-dessous de l'ouverture de leur orifice supérieur. Les deux tubes du PHOTINX s'écartaient *obliquement* l'un de l'autre à partir du sommet formé par leur union, jusqu'à leur extrémité inférieure. Le LOTOS (Flûte simple ou MONAULOS) portait le nom de Févier d'Egypte et de Lybie (Lotus), dont il était formé.

Les Qobtes célébraient leurs divinités au son de la musique principalement à Memphis, dans le temple du Vulcain Egyptien, et dans ceux d'Apis, d'Isis et de Sérapis.

Les Qobtes consacrèrent la GRANDE HARPE (Tebouni) à leurs cérémonies religieuses. Le dessin que nous offrons et dont l'original existe dans la *Salle* des Harpes, *aux tombeaux des* Rois (à Thèbes), représente un jeune homme jouant de la Harpe devant l'image d'une divinité Egyptienne.

Les Qobtes se servaient du terme générique TEBOUNI (comme différents peuples de celui de PSALTÉRION), pour désigner les HARPES, les LYRES et leurs composés à manche. La Grande Harpe des Qobtes, qui répondait au KINNOR-AÇOR des Hébreux, fut adoptée par les Grecs. Les Égyptiens se servirent aussi de plusieurs instruments à cordes semblables à la MANDOLINE.

Les Abyssins chantaient en s'accompagnant le plus souvent sur une Lyre Antique, grossièrement construite, qu'ils appelaient GUISARKA et qui est encore fort en usage chez les Arabes. C'est le Kitara des Grecs et des Étrusques, synonyme de Lyre à Manche ou Guisark, dont les NUBIENS frappaient les cordes avec la Plectrum. Cet instrument, ayant été peu à peu perfectionné, devint la Guitare des ESPAGNOLS et des BERBÈRES. Ces derniers étaient un mélange confus des populations diverses qui se disséminèrent d'abord dans le Nord de l'Afrique et se répandirent ensuite jusqu'en Europe.

Voici l'histoire du perfectionnement, c'est-à-dire des règles méthodiques de l'art musical chez les Abyssins ou Éthiopiens :

Saint Yared (Khoddous), né à Liermen ou *Liémen*, ville d'Abyssinie, sous le règne du roi Kaleb, fut renvoyé de l'école d'Oksem par son professeur, parce que, depuis sept années, il n'avait pu acquérir aucune nouvelle connaissance. En s'en retournant chez lui, SAINT YARED se reposa à l'ombre d'un arbre pour se soustraire à la chaleur insupportable du soleil de midi. A peine se fut-il indolemment couché sous l'épais feuillage de l'OURKA, afin de s'y livrer à l'oubli incertain qu'engendre le sommeil, que, levant les yeux au ciel, il aperçut un gros VER filant de la soie et rongeant les feuilles d'un rameau. Voulant connaître les intentions de cet innocent animal, SAINT YARED le contempla avec une grande attention ; presque aussitôt l'insecte, perdant l'équilibre, tomba à terre ; mais, se tortillant en tous sens, il finit par se remettre sur ses pattes et remonta à l'arbre en longeant la branche d'où il s'était laissé choir, et une fois revenu à l'endroit où se trouvait sa toile inachevée, il recommença à travailler à son œuvre et à ronger les feuilles. Celle à laquelle il se cramponnait, cédant sous les efforts qu'il faisait en filant, se détacha et l'entraîna avec elle. SAINT YARED, se levant avec précipitation, allait ramasser la petite victime ; mais, la voyant persévérer dans les mêmes intentions, il n'osa y toucher. Le ver reprit encore la même direction, remonta travailler de nouveau et se nourrit des sucs du feuillage. Sept fois l'animal tomba et sept fois il retourna à son ouvrage ; alors SAINT YARED, se prosternant contre terre, s'écria : « SEIGNEUR ! SEIGNEUR ! QUE SIGNIFIE CELA ? Ne serait-ce point là mon image et l'histoire de mon existence ? Sept années de ma vie se sont écoulées sans que j'aie profité des leçons de mon maître ; et sans pouvoir achever le cocon qu'il filait, le ver a fait autant de chutes que j'ai perdu d'années !..... Le saint, obéissant alors à un mouvement surnaturel, saisit et avala l'insecte qui s'était arrêté dans sa route. A l'instant même, l'ESPRIT DIVIN descendit sur SAINT YARED, sous la forme d'un pigeon, et lui enseigna par intuition les mystères de la Musique.

Les CHANTS RELIGIEUX étaient d'un mouvement si lent, que les QOBTES, auxquels il était défendu de s'asseoir ou de s'agenouiller pendant les cérémonies religieuses, se servaient d'une longue béquille appelée en *arabe* E'Kâr, afin de pouvoir se soutenir pendant plusieurs

4

heures qui s'écoulaient, tandis qu'on chantait seulement quelques mots sacrés.

Les anciens ARABES et les QOBTES avaient des chants appropriés aux mouvements de leurs travaux ; tels sont le CHANT DES MOISSONNEURS, celui des *Puiseurs d'Eau*, etc., etc. L'usage de ces CHANTS CADENCÉS et RHYTHMIQUES fut adopté chez les ARABES et chez les QOBTES dans la même intention que chez les GRECS, c'est-à-dire pour faciliter par la cadence et le rhythme les mouvements pénibles des travaux divers, en appliquant la cadence mesurée et le rhythme au caractère spécial de chaque espèce de mouvements manuels.

Ce qui pourra nous donner une idée exacte de l'utilité de ces CHANTS RHYTHMIQUES, ce sera la remarque que nous ferons nous-mêmes, alors qu'écoutant un mouvement instinctif, nous nous mettrons à chanter en nous occupant d'un travail quelconque.

La MUSIQUE servait spécialement à accompagner les Danses.

Les A'Ouâlem et les Ghaouâzy, danseuses et chanteuses de profession, dansaient en chantant au son du ZAMIR (haut-bois), dont jouaient principalement les GHAZAOUATY (MENETRIERS) ; le plus souvent ces danseuses se servaient d'une espèce de CASTAGNETTES d'AIRAIN, produisant un cliquetis argentin. Souvent aussi elles s'accompagnaient elles-mêmes au son du TAR (Tambour de Basque).

Le DARABOUKKEH, Tambour de luxe, qui ressemblait à un grand entonnoir de bois, recouvert d'une peau bien tendue sur laquelle on frappait avec une baguette, était seulement employé dans les danses extraordinaires, et le plus souvent pour accompagner les *Chants de Guerre*.

Comme chez les Grecs et la plupart des peuples Orientaux, les Femmes Égyptiennes faisaient plutôt de la musique que les hommes, qui n'étaient guère employés à cet usage que dans les grands festins ou dans les cérémonies publiques.

Les SISTRES, dont se servaient les ÉGYPTIENS et les peuples Orientaux, étaient semblables à ceux des HÉBREUX.

Le GROTALE, instrument bruyant dont on attribue l'invention à Isis, était composé de deux plaques d'airain, qu'on frappait l'une contre l'autre.

Le TAKQA des Ethiopiens et des Egyptiens se composait de deux règles de bois ou de fer, qu'on frappait l'une contre l'autre.

Les Arabes appellent ces deux takqa : Naqoûs-Khachab (Règles de bois) et Naqoûs-Hadyd (Règles de fer).

Quelques auteurs prétendent que la MUSIQUE Qobte était de beaucoup supérieure à celle des Persans; voici à peu près ce qu'ils disent à ce sujet. L'invasion des Perses changea complétement les beautés naïves et merveilleuses de l'Antique Musique Égyptienne. Sous les Ptolémées, le nombre des cordes fut considérablement augmenté; des *Musiciens* de diverses nations, qui habitaient alors l'Egypte, y changèrent, selon leur bon plaisir, le Tempérament des sons que l'on prétendait être si doux et si harmonieux. Dès lors, la musique Qobte (musique égyptienne primitive) se perdit dans les ténèbres de l'obscure MÉLOPÉE des Tartares et des Peuples Sémitiques.

Les CHANTS Qobtes, jadis doux et bien réglés, furent métamorphosés en roucoulements continuels, grondant sans motif, semés d'*Intonations* fausses et glapissantes, et roulant au-dessus d'une basse incertaine qu'on eût prise pour le mugissement de la tempête. Telles sont les absurdités historiques avancées pour persuader aux *Races Futures* la réalité de faits incohérents qui s'évanouissent tout à coup devant la vérité de l'histoire!... L'erreur dans laquelle se sont plongés quelques auteurs inconséquents est d'autant plus profonde, que l'histoire a gravé la Phase des Ptolémées comme la plus grande époque de l'ancienne Égypte.

Il y avait en Égypte un monument digne de la grandeur des Ptolémées, fervents protecteurs des lettres et des arts; cet édifice était situé dans le quartier d'Alexandrie appelé Bauchion. Un prêtre, nommé par les Rois d'Égypte, présidait aux Solennités Littéraires et Artistiques qui étaient célébrées dans ce Temple de la Gloire.

Les modes principaux de la Musique Égyptienne ressemblaient en quelques points à ceux des Grecs, auxquels ils donnèrent l'essor.

Les Qobtes, les Arabes, les Persans et plusieurs autres anciens peuples se servirent des ÉLÉMENTS, des JOURS, des HEURES et des TEMPÉRAMENTS; mais plus communément des SIGNES HIÉROGLYPHIQUES ZODIACAUX, comme comparatifs des lois mathématiques des PROGRESSIONS CROISSANTES ou DÉCROISSANTES des SONS DIATONIQUES et CHROMATIQUES et des Intervalles.

Voici, selon les ÉGYPTIENS, le RAPPORT des SONS aux PLANÈTES, dans l'ORDRE DIATONIQUE du GRAVE à l'AIGU :

SATURNE, JUPITER, MARS, SOLEIL, VÉNUS, MERCURE, LA LUNE.

SI   UT   RÉ   MI   FA   SOL   LA

« La Note SI commençait le système musical, parce que le premier « jour de la semaine était consacré à SABAOTH (SABBAT ou SAMEDI). »

Pour le GENRE CHROMATIQUE, les ÉGYPTIENS se servaient principalement des SIGNES ZODIACAUX, en les classant de la manière suivante :

1. SI,	BÉLIER.	2. MI,	TAUREAU.
3. LA,	GÉMEAUX.	4. RÉ,	ÉCREVISSE.
5. SOL,	LION.	6. UT,	VIERGE.
7. FA,	BALANCE.	8. SI BÉMOL,	SCORPION.
9. MI BÉMOL,	SAGITTAIRE.	10. LA BÉMOL,	CAPRICORNE.
11. RÉ BÉMOL,	VERSEAU.	12. SOL BÉMOL,	POISSON.

Il est incontestable que l'apparition d'un nouveau peuple en ÉGYPTE a dû y altérer profondément les méthodes et les systèmes anciens pour y substituer le germe de nouveaux éléments ou méthodiques ou systématiques.

Suivant le système Arabe-Égyptien,

Une suite d'intervalles CONSÉCUTIFS (DIATONIQUES) s'appelle CIRCULATION (GAMME);

Une CIRCULATION complète se divise chromatiquement en dix-huit TONS ou BORDAH.

Le SYSTÈME PARFAIT se compose de deux Circulations ou Gammes, ce qui équivaut à trente-six Tons ou Bordâh.

Les Bordâh coïncident avec les douze signes du Zodiaque, soit en ligne directe, soit en ligne indirecte.

Les douze Maquâmât et les six Aouâz produisaient 84 circulations et engendraient chacun 17 Tabaqâh ou gammes de progressions.

Les MODULATIONS de la Musique Égyptienne étaient, de même que celles de la Musique Arabe, forcées, dures, baroques, dystoniques et chargées d'ornements d'un goût aussi extravagant que barbare. Les MÉLODIES étaient non moins pitoyables que les modulations, à cause des glissades chromatiques continuelles qu'exigeait la quantité incroyable des divisions de l'octave et des règles de la mélodie, qui défendaient de passer d'un ton dans un autre sans faire entendre tous les tons intermédiaires. La voix gutturale ou nasale des Égyptiens et des Arabes était ingrate et mal assurée, à cause de la variété des tons et de la prononciation fort difficile des dialectes ; de plus, les Instruments grossièrement construits dont se servaient les instrumentistes produisaient des Sons bruyants et secs, sourds ou perçants.

Les *Instruments à percussion*, tels que les NOQQARYEH, NAQRAZAN (Caisses), les CROTALES, les CYMBALLES, qu'on frappait presque d'aplomb ; les Monaulos, les Photinx et les Takqa, et jusqu'au CLAQUEMENT DES MAINS étant fort en usage, on comprendra facilement que leur grand bruit étouffait les sons mélodieux et timides des Tebouni.

En parlant ainsi, je ne veux point dire que les principes de la Musique fussent complétement inconnus aux anciens Égyptiens; mon but est seulement d'atténuer la trop haute opinion que pourraient donner aux étudiants de nos jours, les éloges ridicules décernés par certains auteurs à la Mélopée et à l'harmonie des Qobtes. Je ne saurais nier trop énergiquement l'accusation d'absurdité portée par quelques esprits contre le système musical des Perses. Je crois même pouvoir affirmer que la Musique Égyptienne et celle des Arabes, sa sœur, furent très inférieures à celle des Persans. En réfléchissant quelque peu à l'ancienne splendeur des arts en Égypte, nous en verrons le principe apparaître un moment, s'élever insensiblement, puis disparaître tout à coup au milieu de ces travaux gigantesques dont les ruines ou les monuments immenses ont traversé des milliers d'années pour nous conserver les idées grandioses qu'avaient les Égyptiens ; mais, hélas! sans nous apporter d'eux une preuve évidente et irrécusable de ce bon goût qui caractérise si noblement les œuvres artistiques.

Il est à croire que la MUSIQUE Arabe tire son origine de celle des Grecs et des PERSANS. Les Arabes disent eux-mêmes qu'un grand nombre des termes de leur Système Musical et des noms de leurs Instruments de *musique* dérivent de Racines Grecques ou de mots Persans, et quelquefois Indiens.

Lisez GEMAL-EL-DYN dans ses ÉCRITS SUR LA MUSIQUE :
« Je vais, dit-il, rappeler les noms et les tons musicaux suivant le
« système des Persans, adopté.... »

Le Système Musical des Arabes est rempli de mots Persans. Nous citerons, comme exemple, le RAST ou RÉ, troisième ligne de la clef de fa, YEKKAH, la troisième racine dérivée de ZIRAFKEND, mot Persan, la quatrième qui est encore de même origine, et une foule d'autres mots *Persans* qui furent employés sous différents signes graphiques en Arabie et en Égypte.

En 1798, plusieurs savants Français traduisirent un manuscrit fort ancien, que les religieux d'un couvent Grec, des environs d'*Alexandrie,* leur confièrent. Ce manuscrit, des plus précieux, est daté de l'an 825 ; ce qui en fait remonter l'origine au temps de SAINT JEAN DAMASCÈNE, qui étudia beaucoup la musique et inventa le Nouveau Système de musique des *Grecs.*

Sans mentionner tous les faits que nous a cités SCHRODER dans son *Thesaurus,...* je dirai que les Arméniens attribuent la découverte de leur haute Musique actuelle à l'un des premiers Patriarches, nommé MÉCROPS. Ce *Patriarche,* désirant que les prières et les chants reli-

gieux fussent exprimés en *Langue Haïcane*, s'appliqua sans succès
pendant plusieurs années, à découvrir des caractères Symboliques ou
Graphiques qui pussent exprimer exactement la prononciation et le
chant de cette langue primitive, presque entièrement perdue depuis la
conquête des Grecs et des Perses.

Après beaucoup d'essais infructueux, de vains efforts et de voyages
inutiles que, dans le but de s'instruire, il avait entrepris chez différents peuples, Mécrops, désolé, pleura amèrement, puis s'endormit;
Alors DIEU, prenant pitié de sa douleur, lui envoya un ange qui lui
révéla les caractères qu'il avait tant cherchés ; aussitôt MÉCROPS,
sortant de son extase, fut éclairé par la lumière divine et conçut tous
les MYSTÈRES *de la* MUSIQUE. Dès ce moment, il se mit à com-
poser des CHANTS RELIGIEUX ARMÉNIENS, qui depuis cette
époque ont été d'un usage constant dans ce pays.

Suivant DIODORE de Sicile, vers l'an 1650 avant J.-C., une colonie *Égyptienne* alla sous la conduite de Cécrops son chef, s'établir
dans la vieille patrie des Pélasges. Peu après l'arrivée de *Cécrops*
dans l'*Attique*, une colonie *Phénicienne*, prenant la même direction,
suivait Cadmus son roi. Ce fut, selon les Mythologues, pendant les
noces de ce roi avec Hermione, ou HARMONIE, qu'APOLLON joua
si admirablement de la lyre. La nouvelle reine était aussi belle que
Vénus, sa mère, et sa voix était aussi puissante que la valeur de
Mars son père. Pendant le repos, tous les yeux étaient attachés sur
Harmonie, alors qu'elle parlait ou chantait. Après les noces, Cérès,
déesse de l'agriculture, lui offrit du blé ; Mercure, dieu de l'éloquence,
lui présenta une Lyre et Pallas, déesse de la sagesse, lui donna un
collier de perles, une Flute céleste et la *Palme de Gloire*. Selon plusieurs bibliographes, ce fut Harmonie qui inventa les combinaisons
harmoniques qui prirent son nom.

ORPHÉE (dit la Fable) descendit aux Enfers, pour redemander
à Pluton et à Proserpine son épouse Eurydice. Ces divinités in-
fernales, attendries par ses chants et par la mélodie de sa lyre,

lui rendirent l'objet désiré, mais à condition qu'il sortirait des Enfers sans regarder la belle EURYDICE. ORPHÉE, cédant à un mouvement de curiosité, osa regarder son épouse ; mais elle disparut tout
à coup devant ses yeux. Depuis cette époque, ORPHÉE prit en haine
toutes les femmes et il s'éloigna de leur société. Les BACCHANTES, irri-
tées de son mépris et l'entendant encore chanter, se mirent à sa pour-
suite en poussant des hurlements effroyables. L'ayant trouvé vers les
rives de l'HÈBRE (aujourd'hui la rivière MARIZA qui passe à ANDRI-
NOPLE), elles se précipitèrent sur lui en secouant dans les airs leurs
thyrses et leurs flambeaux ; elles le mirent en pièces et jetèrent sa tête
et sa lyre dans le fleuve, qui les roula jusque dans le lit rocailleux de
la mer Égée, aujourd'hui nommée *Archipel*.

L'orsqu'on venait consulter l'ORACLE *de* DELPHES, la PYTHIE
s'asseyait sur un trépied de fer qu'on avait fixé sur le gouffre sulfu-
reux appelé *Pythium*, d'où s'exhalaient des vapeurs enivrantes. Dès
que les tourbillons magnétiques avaient pénétré l'être de la PYTHIE,
l'air retentissait d'une harmonie surnaturelle produite par le chant des
esprits et par les accords mystérieux des LYRES et des FLUTES invi-
sibles. Après avoir dissipé les ténèbres innombrables des temps futurs,
au son de la trompette sonore, la PYTHIE prédisait l'avenir au milieu
de l'harmonie enchanteresse, que répétaient les mille échos des roches
voûtées du MONT-PARNASSE.

Pendant les JEUX PYTHIQUES, les *Joueurs* de *Flûte* (PIPEAU) s'ef-
forçaient d'imiter les sifflements aigus du SERPENT PYTHON. La FLUTE
qu'on employait à cet usage était sans doute le CHALUMEAU (de
paille d'orge) dont SOLIN attribue l'invention à SÉSOSTRIS.

Trois siècles s'étaient écoulés depuis la ruine de Troie, quand Homère parut dans la Grèce. Une lyre à la main, ce sublime poëte allait
de ville en ville, chantant les infortunes de Troie. La foule le suivait
(disent les classiques) et dans les rues et dans les carrefours. Les
savants admiraient ses belles poésies qu'accompagnait toujours un
chant grave et majestueux. Les *Rhapsodes* l'entouraient dès que sa

voix tendre et énergique planait par-dessus les arpéges tremblants qui coulaient sous ses doigts. Chantant toujours ce Roi de la noble misère, cet illustre vieillard, aveugle et souffrant, s'éteignit dans l'ombre comme pour échapper aux regards des indignes profanes. Hélas ! à peine ses doigts refroidis se furent-ils crispés sur sa lyre, à peine sa bouche fut-elle fermée sous le doigt de la mort, que sept villes, et surtout l'orgueilleuse Chio, revendiquèrent l'honneur d'avoir donné le jour à l'auteur de ces chants voués à l'immortelle admiration de la postérité !

La RENOMMÉE, personnage allégorique de l'antiquité, était la messagère des dieux. Elle parcourait l'espace jour et nuit, en sonnant de la Trompette pour publier toutes sortes de nouvelles. Les uns la représentaient sous la figure d'une charmante jeune fille ailée, portant une longue *Trompette;* d'autres comme un monstre ailé, d'une taille gigantesque et ayant autant d'yeux, d'oreilles et de bouches que de plumes. Sa *Voix* était tellement forte qu'elle retentissait d'un pôle de la terre à l'autre.

LYCURGUE, qui fut après MOISE le plus grand législateur du monde, voulant réformer sa patrie, bannit de *Lacédémone* tous les poètes, tous les sophistes, tous les peintres et tous les sculpteurs ; mais il conserva les musiciens. « Je les garde, disait-il, parce qu'ils peuvent « exciter le courage de mes soldats et inspirer de bons sentiments « aux citoyens, en chantant des Hymnes et des Odes. »

Les *Lacédémoniens,* étonnés de l'audace d'Aristomène, demandèrent un général aux Athéniens. Ceux-ci leur envoyèrent, par dérision, un homme tout contrefait : cet homme était TYRTHÉE. Ce malheureux excita d'abord le rire des Lacédémoniens, mais ensuite quelle ne fut pas leur admiration, lorsqu'il se mit à chanter en s'accompagnant sur une CHÉLYS. L'enthousiasme gagne aussitôt les soldats qui ne veulent plus d'autre chef. Tyrthée se met à leur tête, et ils remportent, sous sa conduite, une victoire éclatante.

Selon plusieurs historiens, le sage et sévère PYTHAGORE reçut

5

des *Prêtres* de l'Égypte ses premières connaissances musicales; mais comme il en trouva les principes et les règles mal fondés, il étudia profondément cet art afin d'en résoudre les problèmes.

Le système musical de PYTHAGORE fut appelé Authentique, parce que l'on prétend que ce savant fit le premier un art de la *Musique*. Ce grand philosophe, né à *Samos* vers l'an 584 avant J.-C., quitta sa ville natale pour aller étudier en différentes contrées. Dès qu'il fut de retour, il affirma à ses compatriotes que le son de la lyre, ou que la voix était propre à rendre le sommeil doux et facile et à changer le cours des mauvaises pensées. Le premier, selon AURÉLIA-NUS, il employa publiquement la Musique pour guérir les malades, et il fit, dit cet auteur, mille expériences de ce genre, couronnées de succès, dans le pays appelé aujourd'hui Calabre (Italie). DIEMERBROEH fait quelques observations sur les maladies épidémiques; du reste, HOMÈRE attribue la cessation d'une peste à l'action puissante de la Musique. THÉOPHRASTE donne la musique comme remède infaillible pour apaiser les horribles douleurs de la sciatique. Sous GA-LIEN on employait non-seulement cet art contre la rage (*Hydrophobie*), mais aussi contre la morsure des animaux venimeux.

Mille autres exemples peuvent attester l'antique grandeur de l'art musical!

Le TÉTRACORDE était fort en usage chez les Grecs, mais cet instrument laissait beaucoup à désirer; on y ajouta successivement d'autres cordes. La première corde du Tétracorde s'appelait *Hypate-Méson* (mi de la clef de fa entre la 3ᵉ et la 4ᵉ ligne); la seconde *Par-Hypate-Méson* (fa suivant); la troisième *Méson-Diutonos* ou *Lychanos* (sol); et la quatrième Mesé (la). Selon ANCIUS-MANLIUS-TOR-QUATUS-SEVERINUS-BOETIUS, favori de Théodoric, roi des Os-trogoths, CHORÉBUS ajouta une corde à la *Lyre antique :* ce fut le *Lychanos-Hypaton* ou l'*Hypaton-Diatonos* (ré 3ᵉ ligne, clef de fa). La *Par Hypate-Hypaton* (ut précédent) fut attribuée à HYAGNIS. TERPANDRE ajouta l'*Hypate-Hypaton* (si précédent).

PYTHAGORE, reconnaissant la nécessité d'établir des proportions mathématiques entre les sons musicaux, ajouta à la lyre heptacorde (à sept cordes) une huitième corde inférieure qui donna l'OCTAVE de la MÈSE (la). Il appela cette corde *Proslambanomenos* (ajoutée), et qualifia de DIAPASON la consonnance parfaite de ces deux sons qui formèrent la première octave positive. Ensuite ce calculateur divisa l'octave en DIAPENTE et DIATESSARON, c'est-à-dire QUINTE et QUARTE. Plus tard, THÉOPHRASTE ajouta à l'OCTOCORDE un neuvième son ; HYSTIÉ, un dixième et TIMOTHÉE deux autres. Et successivement on fit diverses additions relatives.

Dans le Grand Dictionnaire universel Français-Latin, vulgairement appelé *Dictionnaire Encyclopédique de* TRÉVOUX, on lit que PYTHAGORE inventa le DIATESSARON, le DIAPENTE et le DIAPASON (*Octave parfaite*), après qu'il eut observé et calculé les sons particuliers que rendaient les tringles de fer sous le marteau des forgerons.

Les premiers POÈTES GRECS représentèrent leurs pièces de théâtre sur des échafauds roulants, comme cela est encore pratiqué par les *Saltimbanques* de notre époque ; dont le nom signifie *danser sur le banc*. Plus tard les GRECS construisirent de grands théâtres en bois ; mais celui que le *Poète* PRATINAS avait fait élever vers la soixante-dixième *Olympiade* s'étant écroulé pendant une représentation, on eut l'idée d'en construire un en pierre. Ce fut vers la soixante-quinzième *Olympiade* que, pour mettre à exécution ce nouveau projet, l'on creusa le premier théâtre en pierre dans le flanc de l'*Acropole*, ville du sommet ou cité fortifiée, bâtie sur les hauteurs escarpées et rocheuses en face du mont *Hymète* (Attique).

Ce théâtre avait pourtant un inconvénient regrettable, le spectateur pouvait à peine distinguer le jeu mimique, les traits du visage et l'ajustement des acteurs, dont la voix se perdait dans l'espace considérable compris entre la scène et l'amphithéâtre. « Le poète « CHARILE (selon SUIDAS et ATHÉNÉE, *rhéteurs grecs*), et « ESCHYLE, poète tragique, inventeur de machines, d'architecture

« scénique, de costumes, de chœurs et de tous les moyens qui peu-
« vent produire l'illusion théâtrale » (selon HORACE), firent des
MASQUES représentant des figures tragiques, comiques ou saty-
riques, dont les proportions considérables permettaient au spectateur
de voir les traits et la physionomie du personnage qu'on voulait représenter. Le COTHURNE, espèce de chaussure fort élevée, servit à
harmoniser les proportions de la stature avec celles du visage.

Des étoffes de différentes couleurs largement drapées, ou des costumes caractéristiques, rigoureusement adoptés à cause des souvenirs
et des conventions classiques, servirent d'ajustements. Enfin, des espèces de CLOCHES (ÉCHÉA) furent disposées et fixées de distance en distance sous les gradins de l'amphithéâtre, afin de renforcer
la voix des acteurs et la musique des chœurs.

Le mot THÉATRE, dérivé du grec : *je regarde*, comprenait la
SCÈNE, l'ORCHESTRE et le KOILON (parties principales). Les
acteurs se tenaient sur la scène. Dans l'ORCHESTRE, destiné aux
chœurs des *Danses* et aux musiciens, se trouvait (chez les *Grecs*) la
THYMELÉ, autel sur lequel on sacrifiait à BACCHUS. Après le sacri-
fice, le CORYPHÉE, ou chef des chœurs, montait sur le degré supérieur de la *Thymèle* et faisait ranger tout autour, sur les autres gradins, les CHORISTES ou chanteurs ; après qu'il avait donné le *Ton*,
tous les chanteurs partaient ensemble et les DANSEURS, paraissant tout-
à-coup, se mettaient à exécuter des pas et des gestes mimiques, à chanter et à danser (c'était la STROPHE) ; la FLUTE à deux pipeaux
et le son du TAMBOURIN préludaient pour annoncer le lever du rideau, après lequel un acteur venait exposer au public les motifs de la
pièce qu'on allait représenter, et le nom des personnages ; c'était le
PROLOGUE ; dès qu'il avait rempli sa mission, la Musique et les
Choristes reprenaient pendant que les Danseurs réglaient leurs pas
sur le chant de l'ANTISTROPHE ; bientôt le drame se déroulait
magnifiquement sous les yeux des spectateurs assis à l'AMPHITHÉA-
TRE ou HÉMICYCLE... Le théâtre de POMPÉE à ROME contenait qua-

rante mille spectateurs, et celui de Scaurus plus de soixante-dix mille.

Les ODES (du grec chant-cantique), composées pour accompagner la *Danse*, étaient exécutées par *Strophes* et par *Antistrophes*. La STROPHE était le mouvement que faisait le *chœur* en dansant de l'orient à l'occident, et l'Antistrophe était l'inverse de cette espèce de révolution qu'exécutait le chœur en dansant en rond et que les anciens comparaient à la *Révolution* des *Astres* tournoyant et marchant dans l'espace céleste.

PÉRICLÈS fit élever à Athènes un ODÉON, ainsi nommé du mot grec CHANT, parce que cet édifice était exclusivement destiné aux répétitions de la *Musique religieuse* et des *Chants de la tragédie*. C'est aussi dans l'Odéon qu'on célébrait les fêtes des Panathénées ou *Quinquatries* (OVIDE) en l'honneur de Minerve, et c'est pendant les *Cérémonies religieuses* qu'on donnait le PRIX *de la* MUSIQUE à celui qui s'était le plus distingué au CONCOURS.

Les Musiciens se disputaient aussi la palme de la musique dans les fêtes appelées Ithoméennes, qu'on célébrait principalement à Ithôme, ville de Messénie, en l'honneur de DSÉUS, le THOTH des Égyptiens, dont les Latins ont fait leur DEUS et qu'ils ont traduit par Iou-Pater, Deus-Pater, ou Dispiter, enfin JUPITER, c'est-à-dire DIÉU-LE-PÈRE (O-Siris).

Aux Fêtes des Pyanepsia qu'on célébrait à Athènes en l'honneur d'Apollon, le septième jour de la décade première du mois de *Pyanepsion*, les Grecs offraient à ce Dieu des légumes cuits appelés *Piana*, et faisaient beaucoup de Musique dans les temples, sur les places publiques et dans les rues de la ville.

Les NÉOMÉNIES étaient annoncées par le bruit des TROMPETTES, comme cela se pratiquait chez les Hébreux, et c'est au son de la Musique et des CHANTS JOYEUX qu'on fêtait ces solennités.

La *Musique*, la *Danse* et les spectacles étaient l'âme de toutes les fêtes des Grecs.

Le troisième jour des Jeux Séculaires qu'on célébrait tous les cent dix ans, vingt jeunes *Garçons* de haute condition et autant de jeunes *Filles nobles*, ayant tous leur père et mère, chantaient, dans le temple d'APOLLON, un HYMNE SACRÉ qu'on appelait : POÈME SÉCULAIRE.

L'an 441 avant J.-C., EPAMINONDAS se montra fort habile dans l'art musical ; ce fut DENIS qui lui apprit à jouer de la CITHARE, à chanter et à danser au son des instruments. Ce grand général profita mieux des conseils de son professeur que l'irrascible HERCULE. Ce héros brisa de sa LYRE la tête de LINUS, qui voulait lui enseigner un chant trop difficile.

ISOCRATE inventa l'ACCENTUATION des syllabes, afin de fixer les règles de la PROSODIE. Cette science et la connaissance des signes qu'elle emploie devinrent alors une partie essentielle de l'*Art Grammatical*.

La DÉCLAMATION des ANCIENS, dit M. le BARON RICHERAND, s'éloignait beaucoup plus que la nôtre du ton habituel de la conversation, se rapprochait davantage de la MUSIQUE, et pouvait être notée comme un véritable chant.

Vers l'an 400 avant J.-C., SOCRATE était déjà parvenu à un âge fort avancé lorsqu'il apprit à jouer de la LYRE (CHELYS), ce qui encouragea CATON l'ANCIEN (110 ans avant J.-C.) à consacrer sa vieillesse à l'étude de la langue grecque.

Avant et après les repas, les GRECS avaient coutume de chanter des CHANSONS A BOIRE (SCHOLIES) au son de la LYRE. THÉMISTOCLE, à qui l'on avait présenté une LYRE, en le priant de chanter, refusa d'en faire usage, et, à cause de cela, il fut unanimement jugé peu instruit (AMOUSIKOS).

STÉSICHORÉ inventa l'EPITHALAM, chant nuptial des GRECS, qui fut renouvelé par CATULLE chez les LATINS. G. MEYERBEER composa une célèbre marche aux flambeaux à l'occasion du mariage de la princesse ANNE de PRUSSE avec le prince FRÉDÉRICK de HESSE. Ce morceau de musique à trois temps, d'un mouvement modéré et dans le style d'une Polonaise, fut exécuté pendant les fiançailles du *Prince* et de la *Princesse*. L'usage de cette cérémonie Allemande date du *Moyen-âge* qui l'imita des Fiançailles de l'Antiquité. Voici à peu près les cérémonies nuptiales que l'on célébrait chez les anciens Grecs : Après que les *Époux* étaient entrés dans leur nouvelle demeure, qu'on avait eu le soin d'orner des plus riches tapisseries et des plus beaux ameublements, une Musique *nombreuse* commençait par exécuter un morceau d'ensemble ; puis, des Chanteurs entonnaient des ÉPITHA-LAMS composés selon les circonstances et le rang des nouveaux mariés. Après ces *chants*, chacun des assistants prenait un flambeau et se mettant tour à tour à la suite des mariés, tous les suivaient en chantant plusieurs fois HYMÉNÉE. Le CHŒUR reprenait par couplets, et la musique accompagnait le *chant* des *partners* ou partenaires, c'est-à-dire des invités.

Les *Anciens* fabriquèrent des FLUTES avec des roseaux, des os d'animaux et des tubes ou de bois ou de métal.

Le LOTOS-MONAULOS des Grecs consistait en un tuyau droit, et le LOTOS-PHOTINX en deux tuyaux recourbés. Le Lotos-Photinx semble être cet instrument qui était propre aux prêtres de Sérapis. Les Grecs appelaient PLAGIAULOS et les Latins OBLIQUA, les Flûtes doubles qui ressemblaient au *Photinx* des *Qobtes*.

On réunissait assez souvent la *Flûte Monaule* à la *Flûte double* pour divertir les convives dans les festins et pour accompagner les danses. HORACE dit que la FLUTE, instrument bruyant, rivalisait avec la TROMPETTE.

L'on perfectionna de plus en plus les Flûtes et les instruments de cuivre, et l'on y adapta des clefs ou soupapes mues par des leviers à ressort plus ou moins longs, pour augmenter les ressources de ces instruments et afin d'en faciliter le doigté.

Dans les dessins de cet ouvrage, le lecteur comprendra, sans d'inutiles explications, le mécanisme général des instruments à vent.

Les Grecs appelaient PHORBEION et les Romains CAPISTRUM

un bandage de cuir ou d'étoffe que les joueurs d'instruments à vent appliquaient sur leur visage, depuis le dessous du nez jusqu'à la moitié du menton, en le fixant de différentes manières. Le *Phorbeion* ou *Capistrum* était percé juste en face de la bouche, afin qu'on pût y introduire l'anche ou chalumeau dans lequel on devait souffler. Les *Grecs* inventèrent cet appareil afin d'éviter l'irritation des lèvres et la dilatation souvent exagérée des joues qui donne un air ridicule et grotesque.

C'est au son des INSTRUMENTS BRUYANTS et des FLUTES, que les anciens exécutaient les mouvements et les révolutions de la PYR-RHIQUE, danse militaire dans laquelle tous les danseurs étaient armés de pied en cap.

Les GRECS estimaient fort l'art de jouer de la FLUTE, et ils le regardaient principalement comme le complément d'une bonne éducation. Plus tard ils méprisèrent cet instrument et en abandonnèrent l'usage à leurs esclaves.

Les instruments à cordes principaux des Grecs étaient :

Le PHORMINX, harpe semblable au KINNOR AÇOR des Hébreux, qu'on jouait avec les mains et qu'on pouvait porter sur le dos.

La LYRE, CHELYS ou TESTUDO, lyre primitive simple dont on pinçait les cordes avec les doigts, mais qu'on faisait vibrer le plus souvent au moyen du PLECTRUM.

La HARPE d'ivoire à sept cordes.

La CITHARE, petite lyre d'accompagnement.

Le TRIGONE, d'origine Syriaque et que l'on croit être la SAMBUQUE (Harpe du roi David).

Je m'abstiendrai de parler longuement sur les formes, les noms, les usages et les variétés innombrables des instruments à cordes de l'antiquité, du moyen-âge et du siècle présent, car, si je le voulais faire, trois volumes ne suffiraient point à cette nomenclature. Les dessins des instruments à cordes de cet ouvrage donneront une idée générale des formes, de la composition et des combinaisons de ces genres d'instruments.

Les TIMBALES, en grec TABALA, étaient fort en usage chez les GRECS. Les PARTHES, disent PLUTARQUE et HÉSYCHIUS, les faisaient résonner dans les accompagnements de leurs chants de guerre. Selon le savant HUET, un instrument analogue fut inventé par les PERSES et un autre du même genre par les ARABES primitifs; le premier était le ATH-BAL, conservé dans l'espagnol ATABAL, et le second le THOUBOUL. Les *Timbales* (espèce de tambours) (APOLLA DOREL, 1° *BiB*°, dont parle la Fable, furent employées par SALMONÉE qui, voulant imiter le tonnerre de JUPITER, fit attacher à son char des chaudrons couverts d'une peau de bouc tendue. Le sondes timbales retentissant jusqu'à l'*Olympe*, JUPITER rassembla les foudres célestes et en écrasa l'audacieux SALMONÉE, qui se faisait rendre les honneurs divins.

Le RHYTME GREC était exclusif et altérait la *Mélodie*, son Esclave. Une *Mesure*, un *Mouvement* nouveau étaient-ils inventés; alors, la musique en subissait l'influence funeste et la mélodie était ou entraînée ou retenue par le nouveau principe rhytmique qu'engendrait ce nouveau mouvement ou cette mesure nouvelle.

Le MODE GREC était fondé sur le caractère de sentiment de chaque pièce de Musique, et, en cela, il différait beaucoup du nôtre, qui n'est applicable qu'à notre système d'harmonie, quoique, en réalité, les accords de septièmes et notre mode mineur soient plus propres que les autres accords et que le mode majeur, à exprimer les sentiments mélancoliques ou douloureux de la tristesse ou du chagrin.

Les *Anciens* avaient six genres caractéristiques de musique, savoir: 1° La RHYTHMIQUE ou la TRHYTHMOPÉE qui désignait le nombre des *Cadences musicales* ou *poétiques*. 2° La MÉTRIQUE qui servait à régler la *Prosodie*. 3° L'HARMONIQUE qui ordonnait le CHANT et la MÉLOPÉE. 4° L'ORGANIQUE qui réglait le jeu ou l'ensemble des voix et des instruments qu'on appelle aujourd'hui CHŒURS et SYMPHONIES. 5° La POETIQUE qui traitait des tons et de l'accent de la POÉSIE. 6° L'HYPOCRITIQUE qui réglait les GESTES, la PANTOMIME et la MIMIQUE.

6

Les anciens GRECS avaient cinq modes identiques en musique. Le MODE DORIEN était le premier; l'IONIEN, mode intermédiaire, venait ensuite; le PHRYGIEN donnait naissance au mode intermédiaire ÉOLIEN et le LYDIEN terminait le système.

Le MODE DORIEN, dont l'invention est attribuée à THAMYRIS de *Thrace*, tirait son nom des tribus doriennes, dont l'origine remonte à Dorus, fils d'HELLEN. C'est parce que ce mode portait le nom d'un peuple établi dans l'Asie-Mineure qu'il fut souvent appelé : MODE BARBARE. Le Mode Dorien ou HYPO-MIXO-LYDIEN était le [plus grave et le plus digne de tous; c'est à cause de sa majesté qu'il fut toujours employé à la *guerre* et dans les *cérémonies religieuses*. Le ton Dorien était celui de *ré naturel majeur*.

Le MODE IONIEN ou IASTIEN, aussi appelé PHRYGIEN GRAVE par EUCLIDE, marchait du grave à l'aigu, en *mi bémol*; c'était le second mode musical de ce système.

Le MODE PHRYGIEN ou ton de *mi naturel*, inventé par le phrygien MARSYAS, était le troisième. Ce mode était véhément et terrible. Par son expression ardente et passionnée, il fut propre à accompagner les Odes DITHYRAMBIQUES ou BACCHANALES que composa PHILOXÈNE. L'on faisait sonner les TROMPETTES militaires sur ce ton, afin d'exciter l'humeur guerrière et d'exhalter le courage des soldats.

Le MODE ÉOLIEN, ou ton de *fa naturel*, suivait le mode Phrygien; il prit naissance dans l'*Eolie*, contrée de l'*Asie-Mineure*. Ce ton, dit LASUS, est plein de gravité, et je chante sur ce mode l'*Epouse* de *Pluton* et toutes les *Divinités*.

Le dernier mode musical était le MODE LYDIEN ; il occupait le milieu entre l'*Éolien* et l'*hyper-Dorien*. L'accent de ce mode, ou ton, de *fa dièze*, était animé, piquant, et néanmoins *Pathétique*. PLATON bannit le mode LYDIEN de sa république, parce que, disait-il, ce genre excite le cœur aux sentiments de la mollesse. AMPHION jouait de la LYRE sur ce ton et ORPHÉE, dit-on, apprivoisait les bêtes féroces au son de la *Lyre* sur le *mode Lydien*.

Les cinq modes ou tons d'expression principaux de la musique grecque furent déployés sur une échelle supérieure en ajoutant à chaque terme primitif la locution grecque HYPER, traduite par *au-dessus*, c'est-à-dire à l'aigu, et ils descendirent également jusqu'au grave en écrivant devant chaque terme primitif le mot HYPO , dessous. Cette méthode nouvelle engendre quinze tons; mais EUCLIDE en supprime les deux derniers. Voici les termes énonciatifs et le nom tonique de chacun de ces modes, en partant du 1er grave : 1° *hypo-Dorien*, la naturel; 2° *hypo-Ionien*, si bémol; 3° *hypo-Phrygien*, si naturel; 4° *hypo-Éolien*, ut naturel; 5° *hypo-Lydien*, ut dièze. Viennent ensuite les cinq tons primitifs qui sont comme le medium du clavier, puis suivent : 11° *hyper-Dorien*, sol naturel; 12° *hyper-Ionien*, la bémol; 13° *hyper-Phrygien*, la naturel; 14° *hyper-Éolien*, si bémol aigu; 15° *hyper-Lydien*, si naturel aigu.

Les INSTRUMENTS à PERCUSSION dont les *Grecs* firent particulièrement usage, étaient en tout semblables à ceux dont se servirent principalement les *Latins*. On y remarque surtout les CYMBALES et les TAMBOURS.

SAINTE CÉCILE, vierge et Martyre, naquit d'une noble et illustre famille Romaine ; elle se distingua par ses vertus qu'elle cachait sous le pudique voile d'une admirable modestie. Cette Sainte fut qualifiée du noble titre de PATRONNE DES ARTISTES MUSICIENS, à cause de ses connaissances étendues dans l'art Musical. La légende rapporte que la voix pure et brillante de cette vierge remplissait les airs d'un parfum céleste alors que de sa bouche candide émanaient de suaves accents ; souvent elle chantait toute seule des chants sacrés en s'accompagnant sur une VIOLE ou sur une HARPE, ou sur un genre de HUGAB : elle unissait quelquefois sa voix à celles des Moines et des Religieuses qui priaient dans les églises.

L'usage des sonnettes devint très fréquent chez les ROMAINS. Celles des THERMES, bâtiments où l'on allait prendre des bains et s'exercer à la gymnastique, étaient de grandeurs prodigieuses. Chez tous les riches citoyens il y avait des sonnettes pour réveiller ou prévenir les esclaves.

Le GLAS ou tintement funèbre des cloches remonte à la plus haute antiquité.

Les SONNETTES furent employées pour orner les tombeaux. PLINE dit : Le tombeau de PORSENA, ancien roi des ÉTRUSQUES, était composé de quatre pyramides, au sommet desquelles était attachee une chaîne de fer qui allait de l'une à l'autre colonne et à laquelle étaient suspendues des SONNETTES d'airain dont le son se faisait entendre de loin, lorsque le vent les agitait.

La sonorité du TIMBRE donna l'idée aux ROMAINS de faire de grands vases en terre cuite vernissée appelés ECHEA, afin de donner de la sonorité aux salles de spectacle en plaçant ces *Echea* sous le siége des spectateurs. Cet usage ingénieux fut même pratiqué en ALSACE au MOYEN AGE.

Les ROMAINS se servaient de *Trompettes* pour chasser les *Fantômes* et les *Lutins*, pendant les LÉMURIES qui furent d'abord appelées RÉMURIES, du nom de RÉMUS, parce que dans leur première institution ces Cérémonies eurent pour objet l'expiation du meurtre de RÉMUS, dont ROMULUS son frère s'était rendu coupable.

Les ROMAINS se servirent journellement de FLUTES et de TROMPETTES. Dans les lois des douze tables (*Rome* an 302), l'ordonnateur des funérailles pouvait employer jusqu'à dix joueurs de FLUTE dans les cérémonies lugubres. Les TROMPETTES précédaient les PRÆFICIES (pleureuses), qui poussaient de grands cris pour accompagner la musique funèbre. Le son de la TROMPETTE se mêlait au bruit confus des pleurs et des gémissements dans les cérémonies usitées chez les HÉBREUX, chez les CHINOIS, chez les GRECS et chez les LATINS. Les enchanteurs et les PSYCHAGOS évoquaient les ombres de la nuit et les spectres en sonnant de la TROMPE et c'est aussi de cette manière qu'ils faisaient apparaître les SOSIES des personnages dont on voulait se venger. Au moyen-âge encore, les enchanteurs se servaient de trompettes.

Ce qu'il y avait de particulier dans la Musique chez les *Anciens Romains*, c'était son emploi dans la TRAGÉDIE, pour accompagner la voix de l'acteur.

GRACCHUS haranguant le peuple se faisait accompagner par un joueur de FLUTE, « afin, disait-il lui-même, de persuader plus vivement ses auditeurs. »

La FLUTE jouait un grand rôle dans les BACCHANALES et dans les ORGIES, fêtes célébrées en l'honneur de BACCHUS.

L'invention des PETITES CYMBALES (sous-genre *Crotales*) de bois et de métal, qu'on appelle actuellement CASTAGNETTES, remonte à la plus haute antiquité. L'expression CASTAGNETTES, dérivée du mot Espagnol Castanettas (châtaignes) fut généralement adoptée, à cause de la ressemblance de cet instrument avec les châtaignes.

Dans le dessin d'une ancienne mosaïque de Pompéïa, le lecteur remarquera un acteur qui joue des petites cymbales du genre castagnettes.

Environ au deuxième siècle après J.-C., le platonicien APULÉE, né à MADAURE, reçut ses premières connaissances musicales à Rome; plus tard, ils se perfectionna en Grèce.

Vers l'an 510, dit HORACE, on représenta pour la première fois à ROME un genre de COMÉDIE en vers et mêlée de musique. Les JOUEURS de FLUTE accompagnaient d'abord les acteurs et ensuite tous les joueurs d'instruments à cordes reprenaient ensemble.

La BARCAROLLE (de l'Italien BARCAIUOLO marinier, batelier), c'est-à-dire *Chanson de Barque*, qui paraît avoir pris naissance dans la belle et riche ville de Venise fondée, l'an 452, par les réfugiés de Vicence et de Padore, remonte à la plus haute antiquité, comme nous le prouvent les *Chants des Rameurs* ÉGYPTIENS et ceux des GRECS, chants dont l'authenticité est aujourd'hui reconnue.

ROSSINI a composé une BARCAROLLE d'une douceur musicale et d'une naïveté admirables.

DANTE et LE TASSE écrivirent plusieurs *Barcarolles* dont les gondoliers (pêcheurs) Vénitiens chantent encore sur différents airs naïfs la tendre poésie. Les Gondoliers et les Bateliers étaient tellement estimés dans toute l'ITALIE à cause de leurs CHANTS NAUTIQUES, que la porte de tous les théâtres leur était ouverte. Le NOCTURNE, espèce de Barcarolle mélancolique que l'on chante le soir, prit naissance à Venise; plus tard ce nom fut donné à divers sujets de musique triste et vaporeuse.

Depuis peu, les ITALIENS ont abandonné l'horrible et épouvantable usage de mutiler de jeunes hommes (qu'ils appelaient CASTRATI, en français CASTRATS), afin de leur conserver une voix semblable à celle des femmes, avec cette différence que l'âge de la virilité ajoutait à l'accent juvénile de ceux-ci le timbre puissant et sonore de la voix masculine, qui la rend de beaucoup supérieure à la voix de la Femme. Cet horrible usage remonte à la plus haute antiquité comme le prouve l'histoire des CORYBANTES, prêtres de CYBÈLE et PHRYGIENS d'origine, dont on reporte l'institution à 297 avant la prise de TROIE.

Les premiers établissements de musique appelés CONSERVATOIRES, prirent naissance à NAPLES; dans le principe c'étaient des institutions de piété ou des maisons de secours pour les jeunes Garçons et les jeunes Filles. Il y avait sept de ces maisons à Naples dont trois étaient pour les Garçons et quatre pour les Filles. Les premiers professeurs de ces conservatoires furent LÉO, DURANTE, SCARLATTI, etc., etc.; les élèves les plus célèbres, plus tard devenus eux-mêmes professeurs, furent SACCHINI qui brilla dans tout son éclat vers l'an 1770, PICCINI, ANFOSSI et GUGLIELMI, etc.....

PALESTRINA (*Jean-Baptiste-Pierre-Louis* de) naquit à Palestrina, l'ancienne Prœneste, ville d'Italie, vers l'an 1529, et il prit son nom de sa ville natale. Palestrina, surnommé le prince de la Musique, voyant que le PAPE MARCEL avait réussi dans un concile à faire supprimer la musique lithurgique, composa une messe digne de sa réputation et obtint du Pape de la lui faire entendre; le style pur et noble de cette messe ayant émerveillé le pape Marcel, il nomma Palestrina son maître de chapelle.

BATISTINI, contemporain de LULLI, fit adopter le VIOLONCELLE dans l'orchestre. Le premier *Violoncelliste célèbre* fut le romain FRANCISCELLO.

Jean-Baptiste LULLI naquit à FLORENCE, en 1633. Son père, qui était musicien, lui enseigna l'art de jouer du violon, et ce fut le DUC de GUISE qui, l'ayant entendu à Naples, l'amena avec lui A PARIS, pour le présenter à MADEMOISELLE, ᴅᴜᴄʜᴇsѕᴇ de Mᴏɴᴛᴘᴇɴsɪᴇʀ. MADEMOISELLE ne trouvant pas le jeune virtuose de son goût, le confina dans la cuisine du palais ; c'est là que l'infortuné petit musicien fut en butte aux vexations incessantes que lui faisaient endurer ses compagnons de ragoût qui osèrent lui cacher son violon chéri : c'est pendant cette période qu'il improvisa des mélodies, en frappant sur des casseroles et des chaudrons. Les marmitons de *Mademoiselle*, pour qui cette sorte d'harmonie avait peu d'attrait, rendirent le violon à Lᴜʟʟɪ, qui eut, cette fois, le bonheur de plaire à ces messieurs. Le COMTE de NOGENT l'ayant entendu, en fut émerveillé et parla chaleureusement de lui à Mᴀᴅᴇᴍᴏɪѕᴇʟʟᴇ, obtint d'elle de le faire entendre à la noblesse. Lᴏᴜɪs XIV, qui était fort bon musicien, s'attacha le jeune Lᴜʟʟɪ ; il le mit à la tête des seize violons de la cour et le combla de ses largesses. En 1672, le 29 mars, après la représentation de son opéra (Aʀᴍɪᴅᴇ), Lᴜʟʟɪ reçut du roi une autorisation de créer l'ACADÉMIE ROYALE DE MUSIQUE qu'il institua. Ce musicien, très habile pour cette époque et qu'on trouve médiocre aujourd'hui, donna une véritable impulsion à l'art musical en Fʀᴀɴᴄᴇ ; il mourut dans sa cinquante-quatrième année à la suite d'une blessure mortelle qu'il s'était faite au pied en battant la mesure avec sa canne.

PICCINI (*Nicolo*) naquit à *Bari* (dans le royaume de Naples) en 1728. Il fit ses premières études musicales au conservatoire de Sᴀɴᴛᴏ-Oɴᴏғʀɪᴏ, dont Lᴇᴏ était alors directeur, et composa plusieurs Opéras, entre autres sa fameuse Iᴘʜɪɢᴇ́ɴɪᴇ en Tᴀᴜʀɪᴅᴇ.

CLEMENTI (*Muzio*), fameux pianiste et compositeur, naquit à Rᴏᴍᴇ en 1746. Il vint à Paris en 1780 et mourut à Lᴏɴᴅʀᴇs à l'âge de 84 ans, après avoir composé des Fugues, des Sonates et de grandes Symphonies fort estimées. Ce grand harmoniste écrivit une fugue à quatre parties à l'âge de douze ans.

CHERUBINI (*Louis-Charles-Znobie-Salvador-Marie*) naquit à

Florence en 1760. Son père fit sa première éducation musicale et le confia ensuite à l'âge de 6 ans aux soins de B. FELICI ; CHERUBINI étudia aussi sous la direction de BIZZARI et de *Joseph* CASTRUCCI, tous deux habiles théoriciens. A 13 ans il composa une messe en musique qui fut exécutée à Florence.

Son premier Opéra fût *Quinto-Fabio*. Parmi ses partitions l'on remarque principalement : IPHIGÉNIE en AULIDE, LODOÏSKA, opéra français, MÉDÉE et la PUNITION. Il composa ÉPICURE en collaboration avec MÉHUL, et travailla au chant patriotique commandé par le DUC de ROVIGO, avec PATEL, BOIELDIEU et NICOLO.

PAER naquit à PARME en 1774. Ce génie remarquable composa, à l'âge de dix ans, un opéra intitulé *Circé*. Les opéras les plus réputés sont : AGNÈSE, LÉONORA et GINEVRA d'ALMIERI. Toutes les œuvres de ce compositeur sont empreintes d'une grande mélodie et surtout d'une harmonie bien calculée et bien comprise.

PAER fut directeur du Conservatoire de PARME.

NICOLO (*Nicolas-Isouard* dit) naquit en 1775 à MALTE (île située entre l'Afrique et la Sicile). Il vint à *Paris* avec sa famille, et commençait à y étudier l'art musical, lorsque la révolution française jetant partout la terreur, fut cause qu'il s'en retourna dans sa ville natale ; là il continua ses études avec les professeurs AZOPARDI et VELLA ; étant allé à NAPLES, il s'y perfectionna sous la direction de SALA et de GUGLIELMI. NICOLO composa beaucoup et écrivit plusieurs partitions remarquables, dont une seule, les RENDEZ-VOUS BOURGEOIS, est encore jouée à l'Opéra-Comique.

Ce compositeur distingué, dont les opéras disparaissent injustement et un peu à cause de l'oubli public, mourut à l'âge de 43 ans.

DONIZETTI (*Gaetano*) naquit, en 1787, à BERGAME (Italie), et mourut en 1848, dans sa ville natale, à la suite d'une paralysie qui lui

7

envahissait les parties organiques du cerveau. Ce génie fécond ne composa pas moins de 60 opéras, dont les principaux sont : ANNA BOLENA, l'ESULE DI ROMA, GOLCONDA, pièce ravissante, IL DILUVIO UNIVERSALE, LUCREZIA BORGIA (opéra tragique), LUCIA DI LAMERMOOR, la FAVORITE et l'opéra comique la FILLE du RÉGIMENT.

BELLINI (*Vicenzo*) naquit le 1er novembre 1802 à CATANIA, en Sicile, et mourut en 1835 à PUTEAUX, près Paris. En 1827 il composa l'opéra de « BIANCA e GERNANDO » qui fut joué avec succès au théâtre du *Collége royal* de NAPLES. Son fameux opéra « la STRANIERA » parut en 1828. Le dernier opéra de ce compositeur fut, I PURITANI ; dans cette dernière partition la musique est empreinte d'une certaine poésie française.

PAGANINI (*Nicolo*) naquit d'une modeste famille de GÈNES au commencement de l'année 1784. Sa jeune intelligence se développa d'une manière étonnante, car à l'âge de douze ans il était de première force sur le violon. Ses parents le laissèrent persévérer dans la carrière musicale, parce que, dit une légende, « TÉRÉSA, sa mère, s'étant endor-
« mie, un ange lui apparut pendant son sommeil, et lui prédit
« l'avenir de son fils, en lui affirmant qu'il serait un jour le plus grand
« violon du monde. »
L'avenir ne démentit point le songe de TÉRÉSA ; car PAGANINI fut hautement proclamé le BEETHOVEN de l'Italie. L'histoire rapporte que le père de Nicolo, l'ayant conduit chez le célèbre ROLLA, cet enfant trouvant, sur le guéridon de la salle d'attente, un violon et un manuscrit, saisit l'instrument et se mit à exécuter d'une manière ravissante le morceau de musique à peine achevé. ROLLA qui entendit de sa chambre les grandes difficultés de son concerto couler rapidement sous l'archet de Nicolo, s'imagina d'abord qu'il rêvait ; mais s'étant assuré de la réalité du fait, il fit venir cet enfant dans sa chambre, et après l'avoir vu et entendu, il lui dit : « *Mon petit ami, je n'ai rien de*

« *plus à vous apprendre, allez, à la grâce de* DIEU! *chez* PAER *qui*
« *est directeur du conservatoire de* PARME. »

Dans un concert qu'il donna, PAGANINI joua un dialogue amoureux
sur son violon, dont il avait préalablement ôté les deux cordes du
milieu. La *princesse* ELISA, devenue trop exigeante, crut l'embarrasser
en lui demandant, après le concert, s'il pourrait retrancher une autre
corde de son violon. « *Je le pourrai, dit-il, si cela doit être agréable
à votre altesse.* » La charmante princesse le prit au mot, et l'illustre
Paganini tint sa promesse, car quelques mois après il joua sur une seule
corde une grande sonate.

Paganini composa des thèmes et des variations pour violon, d'une
originalité et d'une finesse ravissantes. Entre autres je pourrais citer
ses FAMEUSES VARIATIONS *des* SORCIÈRES et son célèbre CARNAVAL
DE VENISE. En 1827, pendant le carnaval, le Pape Léon XII décora
de l'Éperon d'or l'immortel Paganini.

Il existe aux environs de TARENTE, ville du royaume de NAPLES,
une araignée monstrueuse appelée TARENTULLE. La piqûre de cet
insecte est fort dangereuse à cause de l'activité du poison qu'elle ino-
cule presque instantanément dans le sang. Comme le remède le plus
efficace contre cette piqûre dangereuse est une grande agitation qui
fasse transpirer le malade, on imagina de faire croire que la MUSIQUE
pouvait seule guérir de ce poison, et ainsi soustraire la victime au
trépas.

Il est vrai que la musique peut exciter le malade aux mouvements
pénibles de la danse, mais les remèdes les plus usités sont les sudori-
fiques.

Différents peuples de l'AFRIQUE, de l'ASIE, de l'AMÉRIQUE et de l'EUROPE firent un usage particulier des TROMPETTES et des TAMBOURS, pendant leurs CÉRÉMONIES RELIGIEUSES. Les *Prophètes*, les *Stolistes*, les *Hiérogrammates*, les *Horologues*, les *Chantres*, les *Pastophores* et les *Maures* de l'EGYPTE s'assemblaient au son des TROMPETTES et des TAMBOURS, et immolaient des victimes humaines en l'honneur d'OSIRIS et d'ATHOTÈS, divinités correspondantes au BAAL ou BELPHÉGOR des barbares MOABITES, qui lui immolaient aussi des victimes humaines au son de ces instruments bruyants, comme le pratiquaient les CARAÏBES sanguinaires dans leurs FÊTES RELIGIEUSES.

Les peuples barbares de l'EUROPE parmi lesquels on compte les CELTES et les anciens GERMAINS, avaient des prêtres (DRUIDES) qui, au bruit des TROMPETTES et des TAMBOURS, immolaient des victimes humaines en l'honneur de TEUTATÈS, *Thot* ou *Mercure*, de TARAN, *Taramis* ou *Jupiter* et d'HESUS divinité Gauloise qu'on croit avoir été le dieu de la guerre et que les anciens appelaient MARS ou MARSPITER. Peut-être *Hésus* aurait-il été ce Teutatès qui présidait aux combats, au feu, à la mort et à la destruction ?

Les peuples ALLEMANDS se servirent beaucoup de TAMBOURS et de TROMPETTES. Le FIFRE (espèce de GALOUBÉ) fut très usité chez eux, où il se trouve encore employé de nos jours.

Voici ce que dit la *chronique* de RATISBONNE, ancienne et grande ville d'ALLEMAGNE, située dans la basse BAVIÈRE. Le roi SIGISMOND, voulant apaiser un différend qui s'élevait entre la NOBLESSE et la bourgeoisie de Ratisbonne, se rendit dans cette ville, où sa réception fut des plus brillantes, attendu qu'il y avait grand nombre de joueurs de Fifres, de Tambours et de Trompettes à la tête desquels marchait CROIRER, célèbre musicien de ce temps, mais dont le talent nous est inconnu aujourd'hui.

Alors qu'on armait un jeune homme en Germanie, on lui donnait publiquement, au son des CHANTS GUERRIERS et de la Musique, le *Bouclier* et la *Lance*. En allant au combat, les Germains, soldats intrépides, entonnaient le chant de guerre, et cet HYMNE GUERRIER était pour eux comme un présage de leur succès futur ou de leur défaite prochaine; car selon l'ampleur ou la faiblesse de leurs chants, ils concevaient de douces espérances ou de terribles craintes.

(12e Siècle.) — Les Tisserands de Linden construisaient un navire (image symbolique d'Isis), y adaptaient des roues, le traînaient de ville en ville en passant à Aix-la-Chapelle, à Utrecht, où les tisseurs de toute espèce le garnissaient de voiles, le pavoisaient de velours et l'ornaient de mille pavillons; après cette cérémonie industrielle, le cortége repartait en grande pompe pour s'arrêter enfin à Tongres.

Un peuple immense, dit la *légende*, suivait la marche en chantant au son des musiques, et des femmes à demi-nues dansaient autour du navire roulant.

(1268.) Des femmes chantaient en chœur au son des FLUTES, des VIOLES, des TAMBOURS et des CYMBALES pendant que CONRAD partait pour guerroyer.

FRANCO de Cologne inventa des VALEURS musicales et les indiqua par des points. La *durée* de temps de ces valeurs était plus ou moins longue selon que les points étaient, entre eux, plus ou moins éloignés. Cette nouvelle méthode fut appelée (en harmonie) CONTRE-POINT ou points d'ensemble.

Les plus célèbres CONSERVATOIRES d'ALLEMAGNE sont ceux de MUNICH, en Bavière; de BERLIN, en PRUSSE ; de PRAGUE, en BOHÊME ; de LIEPZIG ou *Leipsick*, dans la Misnie ; de COLOGNE, dans les ETATS ALLEMANDS. L'ancienne capitale de la POLOGNE, VARSOVIE, possède aussi un de ces précieux établissements.

CLÉMENT (*Jacques*) ou CLEMENT-NON-PAPA naquit dans le BRABANT (Pays-Bas), au commencement du 16ᵉ siècle. L'empereur CHARLES-QUINT le nomma son maître de chapelle. Clément composa une grande quantité de CHANTS SACRÉS, d'*hymnes latines* ou CANTIQUES, plusieurs messes à 4 voix et quelques GRANDS QUA-TUORS profanes pour voix d'homme.

HAENDEL (*Georges-Frédéric*) naquit à HALLE, dans la haute *Saxe*, en 1684. Ce compositeur, qui servit de modèle à HAYDN, composa quarante-cinq OPERAS et plus de vingt ORATORIOS. Voici ses partitions les plus remarquables : son 1ᵉʳ opéra ALMERIA. RODRIGO qu'on joua avec succès à *Florence*, RENAULD qu'il composa en 15 jours et qu'on joua en *Angleterre*, et BÉRÉNICE. Ce savant musicien qui mourut en 1759, est placé au plus haut rang par les ANGLAIS. Cet heureux choix doit leur attirer les plus grands éloges.

GLUCK (*Jean-Christophe*) naquit dans le haut Palatinat, l'an 1714. Il apprit de bonne heure les principes de la musique à *Prague* ; ensuite étant allé en *Italie*, il y termina son éducation musicale sous les ordres de MARTINI. Son premier opéra fut ARTAXERCÈS. Il composa la partition de la CHUTE DES GÉANTS, pour le Théâtre-Italien de *Londres*. Après avoir écrit plusieurs opéras, il vint à *Paris* pour y faire représenter, par l'ordre de son ancienne élève MARIE-ANTOI-NETTE et en dépit de la coalition de musiciens qui s'y était formée contre lui, son chef-d'œuvre IPHIGÉNIE. SALIERI termina les DANAÏ-

DES, opéra que Gluck avait laissé inachevé. L'an 1787, Gluck mourut dans son pays natal, d'une attaque d'apoplexie.

HAYDN (*François-Joseph*) naquit en 1737, dans le village de *Bohram*, peu distant de *Vienne*.

Il fut reçu comme enfant de chœur à la cathédrale de Vienne, et à 7 ans il était organiste ; mais il fut chassé injustement du lutrin, parce que sa voix était dans la mue.

Un barbier, d'assez basse extraction, auquel HAYDN avait raconté ses peines, prit cet enfant en affection à cause de sa passion pour la musique et des dispositions qu'il avait pour cet art. L'enfant de chœur fut reconnaissant envers son hôte, et pour lui prouver sa bonne volonté, il ne travaillait pas moins de 16 heures par jour. A dix-huit ans cet admirable musicien débuta par l'opéra du DIABLE-BOITEUX ; deux ans plus tard, il composait un fameux quatuor en *bé-fa*. Il alla à *Londres* et se lia étroitement avec PORPORA, GLUCK et MO-ZART. Hélas ! plusieurs années avant, le fameux poète MÉTASTA l'avait délaissé à cause de sa misère. HAYDN composa plusieurs opéras. En 1798 il écrivait son célèbre oratorio de la CRÉATION DU MONDE, et 68 ans il composait les 4 SAISONS.

« Si je n'avais pas étudié la musique de HANDEL, disait HAYDN, je « n'aurais pas composé ma CRÉATION. »

Ces paroles nous prouvent la modestie de cet illustre compositeur, qui préférait attribuer la magnificence et la grandeur de sa composition, plutôt à ses études et à ses observations, qu'à son *Grand Génie*....

La puissance de la musique de la CRÉATION est tellement grande, me disait P. K., *ingénieur allemand*, fort musicien, que voici ce que l'on raconte en *Allemagne*, à ce sujet :

HAYDN, se trouvant par hasard à *Munich*, où il n'était pas connu, apprit qu'on allait y exécuter son oratorio. Désirant l'entendre, il suivit la foule, entra dans la salle de concert et se mêla aux autres auditeurs. Il suivit avec grande attention le commencement de cet ORATORIO, mais lorsqu'on chanta la *sublime parole* : « ET LA LUMIÈRE FUT, » son âme fut pénétrée d'une si grande crainte, qu'il s'évanouit et que l'on eut beaucoup de peine à lui faire recouvrer l'usage de ses sens.

BACH (*Jean-Sébastien*), organiste de la cour de *Pologne*, naquit à EISENACH, dans la *Thuringe*, en 1754. Il fut un des plus savants musiciens du monde. Il jouait ses fugues d'une manière surprenante de même que ses préludes appelés Temperirtes-Klavier, qu'il composa en jouant le thème avec les mains et la fugue avec les pieds. Il inventa une espèce de VIOLE, qu'il appela POMPOSA ; la cinquième corde de cet instrument sonnait le MI aigu.

MOZART (*Jean-Chrysostôme-Wolf-Gang-Amédée*) naquit à SALZBOURG vers 1756.

Sa famille le conduisit à *Londres* où il joua un grand *Concerto* sur l'orgue du Roi; de Londres il vint à *Paris* où il vit briller ses compositions hardies et étonnantes. Il voyagea en *Hollande*, alla se couvrir de lauriers à *Lahaie* et à *Amsterdam* ; à *Bologne*, il étonna même le père MARTINI, par la rapidité, l'élégance et l'audace de son jeu sur le clavecin.

Son style est comme celui des HAYDN et des BACH, c'est-à-dire sévère et recherché ; mais il y a dans sa musique quelque chose de tellement doux et parfois de si prodigieux que, lorsque ce musicien alla à *Naples*, les élèves du *Conservatoire della Pieta*, qui ne pouvaient s'expliquer son merveilleux talent, prétendirent que la bague qu'il avait au doigt était un talisman diabolique, qu'une *Bohémienne* lui avait donné. Mozart, pour leur faire comprendre combien était absurde leur superstitieuse croyance, ôta la bague de son doigt et les étonna d'autant plus.

DUSSEK (*Jean-Louis*) naquit à PRASLAU (*Bohême*) en 1761, et

mourut à Paris le 20 mars 1812, six ans après son arrivée dans cette
capitale. Ce célèbre pianiste-compositeur se distingua principalement
par le haut mérite de ses compositions pour le PIANO. Ses œuvres,
qu'il estimait le plus, sont les ADIEUX à CLEMENTI, les nᵒˢ 9, 10,
4 et 35.

VAN BEETHOVEN (*Ludowig*) naquit en 1770 à BONN (Bonna), ancienne ville d'*Allemagne*, dans l'électorat de *Cologne*, où son père
était premier ténor de la chapelle de l'archiduc. Cet illustre maître,
qu'on peut proclamer sans crainte le ROI DES MUSICIENS, étudia
ardemment l'art musical, dès sa plus tendre jeunesse; il lut et relut
soigneusement les œuvres si difficiles et si savantes de BACH et celles
de HANDEL.

MOZART l'ayant entendu improviser dans un concert donné à
VIENNE, l'an 1790, sembla lui montrer son étoile de gloire : FAITES
ATTENTION A CE JEUNE HOMME, dit-il; puis il ajouta : IL IRA LOIN !...

BEETHOVEN, que poursuivirent toujours les douleurs amères de la vie
intime, en conçut un sombre chagrin ; aussi aimait-il à se retirer seul
dans un appartement ; là il s'approchait lentement du clavecin, po-
sait ses doigts tremblants sur le clavier, puis, levant les yeux vers
le ciel, il semblait appeler à lui l'ange consolateur, et son esprit cher-
chait à s'inspirer à la source des pleurs qui coulait en son âme.

VAN BEETHOVEN égalait ORPHÉE !...

VAN BEETHOVEN était un autre HOMÈRE !...

WEBER (*Carl-Maria-Von*) naquit en 1786, à HOLSTEIN (en *Allemagne*). Lorsqu'il vint à *Paris*, il y fit jouer son *Opéra* d'ORPHÉE. Plus
tard, étant allé à *Berlin*, il lut le magnifique ouvrage de FREYCHUTZ
ou ROBIN des BOIS, et après en avoir composé la musique, il alla à
LONDRES qui le vit expirer dans sa 41ᵉ année.

8

Ce compositeur écrivit un Rondo admirablement traité pour le piano, intitulé : *Invitation à la Valse.*

En 1790, FASCH, célèbre musicien allemand, fonda l'ACADÉMIE ROYALE de Chant à *Berlin.* On y exécutait principalement et avec une incomparable perfection les Oratorio et la Musique sacrée des *Grands Maîtres allemands.*

Peu après cette institution, on vit se former des sociétés de choristes, d'instrumentistes et de chanteurs.

GRÉGOIRE DE TOURS est un des historiens qui font remonter l'ORIGINE DE LA MUSIQUE FRANÇAISE à la plus haute antiquité. Cet historien prétend que, l'an du monde 2440, BARDUS créa des écoles publiques, dans lesquelles on enseignait aux enfants les principes de la musique, sous la direction des BARDES, héritiers de la HARPE de HU, qui leur faisaient chanter les gloires Gauloises au son de la HARPE ou CHROTTA appelée CRUIT et CLARSEACH, en la langue ERSE, qu'on parlait alors dans la GAULE. Plusieurs auteurs font remarquer que les ROMAINS eurent connaissance des GAULOIS et des autres populations CELTES, environ deux cents ans avant la venue du SAUVEUR. Les souches des KYMRIS, des BRETONS, des IRLANDAIS et des ECOSSAIS étaient sorties de la race des CELTES.

C'est au son des instruments de musique et des CHANTS GUERRIERS que PHARAMOND, regardé par quelques écrivains comme le premier roi des Francs, fut proclamé chef des FRANCS-SALIENS, environ l'an 420 après J.-C.

Les anciens notèrent la musique avec des chiffres, des points et différents signes.

Vers l'an 500, BOECE (*Ancius-Manlius-Torquatus-Severinus*) prit dans l'alphabet Latin, les caractères correspondants à ceux des Grecs. AMBROISE et GRÉGOIRE perfectionnèrent cette méthode, qui est expliquée dans plusieurs traités esthétiques.

CLOVIS, premier roi chrétien des Francs, ayant entendu (selon Théodoric) le célèbre harpiste ARCORÈDE, chanter avec sa troupe des HYMNES SACRÉES, s'attacha cet artiste et tous ceux qui l'accompagnaient.

Vers l'an 757, l'empereur COPRONYME envoya un ORGUE à PÉPIN LE BREF, roi de FRANCE, qui fit placer cet instrument (le premier de ce genre qui ait paru en France) dans l'église de *Saint-Corneille* à *Compiègne* ; alors, pour la première fois, on accompagna le PLAIN-CHANT.

La CRÉCELLE (espèce de moulinet en bois), dont les enfants se plaisent à nous assourdir dans leurs jeux bruyants, fut ainsi appelée à cause de la ressemblance frappante qui existe entre le chant de la crécerelle (oiseau de proie), et le craquement que produit l'aiguille fixée à la planchette mobile de cet instrument, en froissant une de ses extrémités contre les cannelures perpendiculaires de la tige (ou axe), autour de laquelle elle exécute sa rotation. Les premiers prêtres chrétiens inventèrent la crécelle pour remplacer les CLOCHES pendant les JEUDIS, VENDREDI et SAMEDI SAINTS, jours de deuil pour l'Eglise Catholique.

CHARLEMAGNE, roi de FRANCE, qui régna de 782 à 814, institua des écoles littéraires et musicales ; il fit écrire une *Grammaire Tudesque*, c'est-à-dire Teutone (Allemande du moyen âge), dans laquelle se trouvaient les CHANTS GUERRIERS les plus célèbres des peuples Germains.

Au *Neuvième Siècle*, quelques musiciens essayèrent de faire de l'HARMONIE et de l'unir à la MÉLODIE. Un siècle plus tard, dix années suffisaient à peine pour connaître seulement la notation compliquée dont HUCBALD et ODON se servirent dans leurs écrits sur l'HARMONIE, et qu'ils appelèrent DIAPHONIE, déchant, ou DISCANTUS, double chant, parce que la partie supérieure de cette espèce de contrepoint était improvisée par les maîtres-chantres du LUTRIN, pupitre sur lequel on met les livres d'ÉGLISE.

SAINT AMBROISE, archevêque de *Milan*, changea et organisa les CHANTS LITURGIQUES ou chants d'Église, qui étaient alors formés de l'ancienne MÉLOPÉE des GRECS ; cette nouvelle méthode fut appelée AMBROISIENNE, c'était un PLAIN-CHANT. Deux cents ans plus tard, au Sixième Siècle, le Chant Ambroisien est modifié par Grégoire qui lui donne son nom. Charlemagne adopte le *Chant Plain* ou *Egal* (dit Grégorien), et envoie Benoist à Soissons, et Théodore à Metz, pour qu'ils corrigent les ANTIPHONAIRES de son royaume. L'Antiphonie était une Symphonie, ensemble de voix, qui chantait à l'octave ou à la double octave, tandis que l'Homophonie chantait à l'unisson. A cette époque les CHANTS Guerriers étaient appelés GESTES, parce qu'à l'exemple des Chants du Nord, ils retraçaient les faits guerriers de la Nation. Les Baladins ou Saltimbanques commencèrent à chanter des COMPLAINTES et des FARCES du plus mauvais goût.

Vers le Dixième Siècle, la VIOLE d'AMOUR, à quatre cordes, était l'instrument favori des MÉNESTRELS ou Ménétriers, c'est-à-dire joueurs d'instruments de musique.

Ce fut sous ROBERT le Pieux, vers l'an 1022, que l'Italien Gui d'Arrezzo trouva les syllabes UT, RÉ, MI, FA, SOL, LA, dont la prononciation pure et aisée frappa son esprit, lorsqu'il chantait un jour la première strophe de l'hymne latine de saint Jean-Baptiste, ainsi conçue : UT *queant laxis* REsonare *fibris*, MIra *gestorum* FAmuli *tuorum*, SOLve *polluti* LAbii *reatum, sancte Joannes.* Comme la syllabe SI manquait, cette note était rendue suivant la volonté du chanteur ou de l'instrumentiste qui abaissait ou élevait le son, suivant son caprice.

Plusieurs Espagnols apportèrent en France l'usage de la GUITARE, espèce de LUTH qui servait, ainsi que la vieille HARPE des Bardes, à accompagner les LAYS ou Chants, et les Fabliaux, espèces de contes en vers.

Il est à peu près certain qu'Eustache DESCHAMPS, composa la première CHANSON A BOIRE ; c'est vers cette époque que les Troubadours et les Trouvères, anciens poëtes Provençaux et Languedociens, allaient de château en château pour chanter à toutes belles châtelaines moult amoureuses, les élégies très hasardeuses qu'ils avaient composées, sans oublier, après leurs exploits, d'entonner une COMPLAINTE SATYRIQUE sur les déconvenues des maris trompés.

Tous les Chants des Troubadours étaient accompagnés de gestes scandaleux et ridicules. Les gestes unis aux chants s'appelaient GAY-SABER ou *gai savoir*. Ces joyeux chercheurs d'aventures voyageaient ainsi, le plus souvent deux à deux, et lorsqu'ils s'arrêtaient devant quelque vieux manoir, c'était pour chanter ensemble afin de se disputer l'honneur de plaire. Ces DUOS furent appelés HARMONIES.

Plus tard, on essaya de chanter le DUO, puis le TRIO, le QUATUOR, etc., et l'on qualifia de Simple l'ensemble de deux parties concertantes ; de double, le chant de trois personnes, etc. ; c'est-à-dire que le duo ou harmonie simple fut pris pour l'Unité Harmonique et commme double mélodie.

La horde Bohémienne, qui s'est répandue dans presque toute l'Europe, et qu'il ne faut pas confondre avec les habitants de la Bohême, décèle une origine Asiatique par son physique singulier et ses mœurs vagabondes. Son langage rappelle surtout le Samscrit, le Malabar et le Bengali.

Les Bohémiens se font appeler eux-mêmes Sintes, mot dans lequel on reconnaît aisément le nom indien Sind du fleuve Indus.

Autrefois, les Bohémiens se servaient principalement du TAMBOUR, de la TROMPE, du COR, de la FLUTE et d'une espèce de HAUT-BOIS ; aujourd'hui ils y ont ajouté le Violon qu'ils semblent préférer. Leur musique, toujours instrumentale, est d'un style élégant. Les airs de leurs danses sont gais ou sentimentaux, et rappellent plus la MÉLODIE et le RHYTHME *Hongrois* ou *Polonais* que le caractère original de la *Musique indostane*.

Les Bohémiens disent eux-mêmes qu'ils ont été condamnés par J.-C. à errer continuellement. Du reste, leur musique, injustement réputée, n'appartient plus aujourd'hui au coloris national des anciens Bohémiens ou Sintes, puisqu'elle est calquée sur les airs de diverses nations.

ABÉLARD, philosophe scolastique et théologien, né vers l'an 1079, composa et chanta plusieurs HYMNES SACRÉES au commencement de sa liaison avec HÉLOÏSE, et plus tard il composa des CHANSONS ÉROTIQUES qui eurent un immense succès.

SAINT LOUIS, neuvième du nom, *Roi* de FRANCE, ayant fait vœu d'aller en TERRE-SAINTE pour délivrer JÉRUSALEM du joug odieux des Sarrasins, prit la croix vers l'an 1248, afin d'accomplir la promesse sacrée qu'il avait faite à DIEU. Il se dirigea vers l'*Égypte*, prit *Damiette*, ancienne et célèbre ville d'*Afrique*, fit des prodiges de valeur à *Massoure* et s'arrêta à NAZARÉTH en *Palestine*. C'est dans cette ancienne ville que le grand saint Louis, couvert d'une aube et le front ceint d'une *Tiare*, entonna une HYMNE d'ACTIONS DE GRACES que continuèrent tous les MUSICIENS dont ce roi de France s'entourait et ne voulait plus se séparer.

Le premier OPÉRA COMIQUE (bien connu) fut représenté vers la fin du XIIIe siècle. Cette pièce de musique fut composée par ADAM DE LA HALLE, et était intitulée : Jeu de *Robin* et de *Marion*.

Le MOTET ou chant religieux, ainsi appelé à cause de sa brièveté, commença à caractériser la musique sacrée en lui donnant l'ampleur et le mouvement majestueux qui lui étaient propres. Néanmoins, ce nouveau genre de musique religieuse fut rejeté et l'on recommença, comme par le passé, à unir les airs des CHANTS POPULAIRES aux HYMNES SACRÉES qui n'étaient pas écrites en PLAIN-CHANT.

Au XIVe siècle, on voyait encore des PLEUREUSES suivre les cortéges funèbres, en poussant de grands cris, au son de la TROMPETTE, des CLOCHES et du TAMBOUR.

Longtemps après l'apparition du CHRISTIANISME, une statue de BÉRÉCYNTHIE, « divinité que l'on a souvent confondue avec ISIS, mais « qui était la même que CYBÈLE, et dont une idole existait encore au « XIVe siècle dans l'ABBAYE DE ST-GERMAIN-DES-PRÉS », était promenée dans les campagnes au bruit des CHANTS et des *acclamations* de la foule qui la suivait.

JEAN de MURIS, musicien sévère et plus entendu que ses prédécesseurs, écrivit longuement sur le CONTRE-POINT, sur la MESURE et sur le RHYTHME ; il composa des BALLADES, des LAYS et des VIRELAYS ou chansons dont un seul vers servait de refrain à chaque couplet. La véritable étymologie du mot BALLADE , quoi qu'en dise MORIN, paraît venir des BALLADÈRES ou BAYADÈRES, danseuses indiennes de profession, qui accompagnaient leurs pas en chantant des espèces de *Ballades*, devant les *Pagodes*. De nos jours, on a souvent confondu la BALLADE avec le RONDEAU, pièce de musique chantée ou non, dont la première strophe musicale doit être répétée après l'ANTISTROPHE, afin d'en terminer l'ensemble.

Le *quatorze avril quatorze cent sept*, CHARLES VI sanctionne l'établissement d'une SOCIÉTÉ d'ARTISTES d'élite, qui surpassent de beaucoup dans l'art musical les MÉNESTRIERS, les BALADINS, les TROUVÈRES et les TROUBADOURS.

Les ÉCOLES FRANÇAISE et FLAMANDE étaient alors bien supérieures à l'ÉCOLE ITALIENNE, qui en imita les chants et bientôt les surpassa en mélodie. Au commencement du XVI° siècle, FRANÇOIS Ier, roi de *France*, composa beaucoup de CHANTS religieux et de CHANSONS profanes.

Vers le milieu du XV° siècle parut l'OPÉRA SACRÉ de la conversion de saint Paul, composé par FRANCESCO BAVERINI.

Environ quarante ans plus tard, ANGE-POLITIEN composa la partition de l'Opéra *Orféo*.

Au XV° siècle, la cour de LOUIS XI assista à un concert d'un nouveau genre et tel que nul orchestre n'en avait jamais exécuté : ce monarque avait ordonné à l'ABBÉ de BAIGNES, chef de sa musique, de lui faire entendre une symphonie exécutée par des pourceaux. L'ingénieux abbé, à qui le roi croyait avoir demandé l'impossible, se tira pourtant de cette épreuve : il rassembla quantité de pourceaux de différents âges, et dont les cris par conséquent devaient produire une grande variété de tons. Il plaça tous ces animaux sous un pavillon de velours magnifique, devant lequel se dressait une table de bois, où l'on montait par plusieurs degrés formant une espèce de jeu d'orgue. L'abbé s'assit devant cette table ; de là, différents aiguillons qu'il touchait allaient piquer les pourceaux, qui, à cette atteinte, poussaient des grognements d'où résultait une harmonie dont la nouveauté faisait le plus grand effet.

Vers l'an 1560, on introduisit en FRANCE l'usage de la MANDO-LINE ou MANDORE, espèce de GUITARE, dont les cordes faites de boyau étaient mues à l'aide d'un triangle en écaille de tortue ou en bois. Les perfectionnements et les modifications apportés à cet instrument donnèrent lieu à l'invention du VIOLON, instrument à AR-CHET, espèce de PLECTRUM, sur lequel sont tendus les crins qu'on promène horizontalement sur les cordes du VIOLON.

Le malheureux CLAUDE GOUDINEL, artiste distingué, précurseur et professeur du fameux PALESTRINA, et qui fut massacré en 1572, à la SAINT-BARTHÉLEMY, était un des génies les plus remarquables de son époque.

Déjà la musique prenait une extension considérable en FRANCE et elle y était de plus en plus perfectionnée. Le roi CHARLES IX et son frère, le DUC d'ANJOU, qui lui succéda sous le nom de HENRI III, cultivèrent avec ardeur l'art musical.

Tandis qu'aux noces du DUC de JOYEUSE, le musicien CLAUDIN faisait de la musique, un courtisan qui assistait à ce concert, fut tellement surexcité par les accents de ce virtuose exécutés sur le mode PHRYGIEN, qu'il s'oublia jusqu'à porter la main sur ses armes en présence du roi HENRI III.

Le roi HENRI IV, qui était grand amateur de musique, avait une bande de VINGT-QUATRE VIOLONS. La bonté extrême de ce souverain pour les artistes, allait jusqu'à la faiblesse ; aussi les musiciens doivent-ils rendre louange à la mémoire de ce bon roi, et unir, en sa faveur, les accents de leur reconnaissance, au souvenir que la FRANCE entière lui a conservé.

9

A la fin du seizième siècle, époque à laquelle régnait HENRI IV, le LUTH, instrument à cordes, le THÉORBE ou THUORBE, la BASSE DE VIOLE ou VIOLONCELLE, la VIOLE, le VIOLON et le CLAVECIN-ÉPINETTE ou petit PIANO, étaient en usage ; c'est aussi à cette époque que l'on vit paraître les fameux VIOLONCELLES et VIOLONS dont plusieurs sont parvenus jusqu'à nous avec les noms des fameux luthiers, tels sont les AMATI, les GUARNERI, les ST RADIVARII et les STREINER.

Tous les ans, à l'occasion des réjouissances du CARNAVAL, nous voyons reparaître une espèce de CORNET de terre cuite, qui ressemble beaucoup à la CORNE de bœuf dont se servent les pâtres pour rassembler leurs boucs et leurs chèvres.

Autrefois l'on promenait le BŒUF GRAS au son des VIELLES et des VIOLES (VIOLES D'AMOUR), espèces de VIOLONS, et c'est pour cela que l'on appelait le Bœuf Viellé ou Violé. Depuis 1739, les cérémonies de cette fête annuelle sont changées, mais hélas! on n'en conserve pas moins le triste usage.

Une musique nombreuse et bruyante se mêle au cortége des mascarades qui suivent le *roi bestial*.

Cette fête burlesque inspira aux enfants un jeu appelé la Ronde du BŒUF MORI.

LOUIS XIII était bon musicien, et sous le règne de ce roi, le CLAVECIN virginale ou vieux PIANO-FORTE commençait à être fort à la mode.

LOUIS XIV confirma les statuts de la société royale des artistes musiciens, qu'avait créée Charles VI, roi de France, et il institua une nouvelle bande de seize violons, à cause de la médiocrité du talent des vingt-quatre qu'il employait auparavant; et ce fut l'illustre Napolitain LULLI qu'il mit à la tête de sa haute musique. Certain auteur dit que les instruments de ces violonistes étaient des STRADIVARII.

Le DIAPASON, instrument d'acier à deux branches, qui sert à donner actuellement le TON de *la* lorsqu'on le fait vibrer, fut inventé il y a seulement cinquante ans, et il remplaça le sifflet réglé, qu'on appelait TON ou plus souvent CHORISTE, et dont on se servait pour le même usage. Le DIAPASON de nos jours est en rapport exact avec celui de PYTHAGORE, car le *la* qu'il donne est à l'unisson de la MESE que Pythagore appela lui-même Prolambanomenos DIAPASON.

Dix ans après l'événement de l'infortuné LOUIS XVI, le BARON de BRETEUIL établissait l'école royale de chant et de déclamation, aujourd'hui le Conservatoire. Hélas! cinq ans après son institution, cet admirable et utile établissement s'abîmait dans le gouffre des désordres naissants de la révolution de quatre-vingt-treize qui sonnait déjà son effroyable TOCSIN.

RAMEAU (*Jean-Philippe*) naquit à DIJON, vers l'an 1683. Cet homme vraiment remarquable étudia profondément l'art musical, qu'il enrichit par ses recherches et ses découvertes ; mais la plus grande partie de ses œuvres furent effacées par celles des GLUCK, des PICCINI, des SACCHINI, etc... et bientôt les travaux de ce génie tombèrent dans le domaine de l'oubli.

DALAYRAC (*Nicolas*) naquit dans le Languedoc en 1753. Dès sa plus tendre enfance il montra un goût passionné pour la musique, au point que, son père ayant congédié son professeur de violon, il crut pouvoir échapper aux rigueurs paternelles en montant sur le toit de la maison, pour y étudier plus à son aise. Les religieuses d'un couvent voisin s'en étant aperçues en avertirent ses parents. Le père de Dalayrac, craignant que ce genre d'exercice ne coûtât la vie à son fils, l'envoya à Paris. Le jeune musicien y suivit avec soin et recueillement les représentations des opéras de Grétry et bientôt il se lança hardiment dans la composition de la musique théâtrale. Il fit d'abord plusieurs morceaux d'ensemble; en 1781 il écrivit : le PETIT SOUPER et le CHEVALIER à la MODE, puis son chef-d'œuvre LÉON. Ce compositeur mourut en 1809 sans avoir eu le bonheur d'assister à la représentation de son dernier opéra intitulé le POÈTE et le MUSICIEN.

Etienne-Henri MÉHUL, l'un des plus grands musiciens que la France ait produits, naquit à GIVET, petite ville du département des Ardennes, le 24 juin 1763. Il reçut souvent des conseils de GLUCH, maître excessivement classique et sévère, et il composa EUPHROSYNE et CORADIN, pièce admirablement traitée. Son opéra religieux de JOSEPH est empreint d'une mélodie et d'une harmonie saisissantes de grandeur.

CATEL (*Charles-Simon*) naquit à LAIGLE en 1773 et mourut à l'âge de 58 ans.

Il fut professeur d'harmonie au Conservatoire de Paris, membre de l'Institut, etc....

Ce compositeur écrivit plusieurs opéras. L'on remarque parmi ses œuvres l'ouverture de Sémiramis, l'opéra des Artistes d'occasion, plusieurs symphonies, des hymnes et plus particulièrement un admirable De Profundis à grand orchestre.

BOIELDIEU (*Adrien-François*), né à ROUEN en 1775, montra, dès sa plus tendre jeunesse, une grande aptitude pour l'art musical. A l'âge de vingt ans, il fut présenté dans le monde d'élite par le célèbre chanteur GARAT, qui avait acquis sa haute réputation principalement à cause de sa mémoire musicale prodigieuse. Boïeldieu composa plusieurs partitions et fit représenter la DAME BLANCHE, son chef-d'œuvre, en 1824. Cet admirable opéra comique fut traduit et joué avec un grand succès en *Allemagne*, en *Angleterre*, en *Espagne* et même en *Italie*, sous le titre de la DONA BIANCA. Ce savant et gracieux compositeur, qui était professeur au Conservatoire de musique et de déclamation en collaboration avec Cherubini et Lesueur, mourut à Jarcy en 1834.

HÉROLD (*Ferdinand*) naquit à Paris, au commencement de l'année 1781. Il fit ses études musicales sous l'œil sévère de LOUIS ADAM ; il remporta successivement le premier prix de piano au Conser-

vatoire et le grand prix de Rome. Il se perfectionna en suivant attentivement les sages préceptes de Méhul.

Parmi les belles partitions de ce bon compositeur, je citerai Marie,
Zampa et le Pré-aux-Clercs, qui eurent un succès bien mérité.

A Tilsitt, sur les bords du Niémen, dans la vieille Lithuanie, on
retrouve encore quelques restes des WAIDELOTES ou pieuses BALLA-
DES, qui nous sont parvenues par tradition. La teinte sombre et la
marche paisible des Waïdelotes rappellent les HARPES des Scaldes
(poètes Scandinaves), et ne sont pas sans analogie avec les chants des
Bardes, Poètes Gaulois connus environ deux siècles avant J.-C.

(1770.) Selon le savant voyageur Pallas, les Tartares chantent
presque tous uniformément et de la gorge, en s'accompagnant le plus
souvent sur un LUTH triangulaire dont se servent encore les
Cosaques.

Ces peuplades sont très musiciennes, car les jeunes gens passent la
plupart de leurs soirées à faire de la musique.

Un jeune magicien Sagaïk, du nom russe Stepan, dit-il, se tenait
ou assis ou à genoux, devant un grand feu, et vociférait des syllabes
cabalistiques en même temps qu'il frappait sur un grand TAMBOUR
qu'il prétendait enchanté.

Pallas entendit un jeune Kalmouk-Tartare qui jouait supérieure-
ment du LUTH et qui excellait à conter des Fables. Ce que j'entendis,
dit l'illustre voyageur, était beaucoup dans le goût de l'Arioste. Ce
Tartare débitait d'abord chaque stance de ces contes, en s'accompagnant sur le Luth et ensuite il la répétait sans musique, en la décla-
mant d'un ton plaisant.

Field (John), célèbre pianiste et élève de Clementi, naquit à Dublin
(Irlande) en 1782. Il suivit son professeur en France, en Allemagne
et en Russie ; plus tard il parcourut l'Angleterre, la France et l'Italie,

où il obtint les plus brillants succès en faisant entendre ses ravissants nocturnes et ses admirables fantaisies. Il mourut à Moscou en 1835.

Je conclurai donc, d'après toutes les citations historiques qu'on vient de lire, que, de tous les arts, la *musique* est assurément celui qui, par son influence sur nos organes, agit le plus puissamment sur les déterminations de notre âme et sur nos passions. Elle jouit de la même prérogative que la poésie, car ces deux *Filles du Ciel*, dans leurs évolutions, déroulent successivement leurs sentiments et leurs idées, qu'elles graduent dans les proportions du rythme et de l'harmonie qui leur sont communs. Elles n'ont par conséquent aucune analogie avec les arts immobiles et muets, tels que la statuaire et la peinture. On dit bien qu'il y a harmonie dans les couleurs et les proportions ; mais cette harmonie est muette, elle immobilise l'idée et le sentiment que la *Poésie* et la *Musique* font marcher et développent. Voilà pourquoi le plus grand des lyriques grecs, tranchant, au profit de la poésie et par conséquent au profit de la musique, la discussion que nous osons soulever s'est écrié, à la tête de l'une de ses Odes :

> Non, non, ce n'est pas moi, qui statuaire habile,
> Consacre du ciseau le pouvoir souverain
> Aux inertes beautés d'un chef-d'œuvre immobile
> Sur un socle d'airain.
>
> (Alph. FRESSEMONTVAL.)

APERÇU CHRONOLOGIQUE

2296 Avant J.-C. — LYNG. — LUNG, inventeur de la musique chinoise.

JUBAL fabrique des instruments.

17e Siècle avant J.-C. — MOISE.

11e Siècle avant J.-C. — Le roi DAVID.

KOUI célèbre musicien chinois.

584 Avant J.-C. — PYTHAGORE perfectionne les Tétracordes.

PLATON.

PLUTARQUE le Béotien, l'un des plus beaux génies de l'antiquité.

ÉPAMINONDAS et DENYS.

400. — SOCRATE.

2e Siècle. — APULÉE.

BARDUS, chef des Bardes.

OSSIAN, fameux barde Calédonien.

200. — SAINTE CÉCILE, vierge et martyre, patronne des musiciens.

340. — SAINT AMBROISE paraît dans la Gaule méridionale.

500. — BOÉCE.

SAINT GRÉGOIRE dit le Grand règle le chant et le rit du culte catholique.

CROIRER, célèbre musicien du temps.

KLOPSTOCK, prétendu Barde.

FRANCESCO de Cologne.

1022. — GUI d'AREZZO trouve les syllabes vocales.

EUSTACHE DESCHAMPS.

ABÉLARD.

13e Siècle. — ADAM de la Halle.

15e Siècle. — L'Abbé de BAIGNES.

JEAN DE MURIS.

FRANCESCO BAVERINI.

ANGE POLITIEN.

GOUDIMEL, élève de Josquin DESPRÈS, compose d eschansons et des psaumes.

1633. — QUINAULT. — LULLI. — GUGLIELMI.

CARISINNI. — SCARLATTI étudie sous les ordres de CARISINNI.

TURLOGH O'CAROLAN, né en 1670, est regardé comme le dernier BARDE.

DOM AUGUSTIN CALMET écrit sur la musique.

RAMEAU. — HŒNDEL.

TARTINI, célèbre violoniste, naît en Istrie.

DURANTE voit le jour à Naples.

1710. — MARTINI.

SALIERI. — PORPORA. — GLUCK.

Le Révérend Père AMYOT, né à Toul, en 1718, meurt à Pékin (Chine) après avoir longuement écrit sur la musique de ce pays.

PICCIN1. — ANFOSSI. — GOSSEC (F.-J.) naît dans le *Hainaut*; il crée l'école royale de chant et de déclamation.

SACCHINI, élève de DURANTE, étudie ardemment l'art musical et compose plusieurs opéras, parmi lesquels on remarque Œdipe, un Oratorio et un Miserere à 7 voix.

HAYDN. — GRÉTRY.

LEO. — CLEMENTI.

DALAYRAC. — BACH.

1756. — MOZART.

STEIBELT, célèbre organiste, élève de Kirnberger, compose l'admirable opéra de ROMÉO ET JULIETTE. Parmi ses œuvres on remarque un rondo intitulé l'ORAGE.

ADAM Louis, célèbre pianiste.

BIZZARI est professeur de CHERUBINI.

FELICHI. — J. CASTRUCCI.

CHERUBINI. — DUSSEK.

MÉHUL.

LESUEUR (J.-F.) compose son opéra PAUL ET VIRGINIE, celui des BARDES, etc. et des MOTETS.

1770. — BEETHOVEN. — CATEL.

PAER. — BOIELDIEU.

PATEL. — AZOPARDI, professeur de NICOLO.

VELLA et SALA.

NICOLO.

PAGANINI. — FIELD, Irlandais.

1791. — HÉROLD. — WEBER. — MENDELSONN. — DONIZETTI.

1790. — SARETTE réorganise le Conservatoire.

FASCH.

1802. — BELLINI.

CHOPIN, admirable musicien polonais.

10

AIR CHINOIS

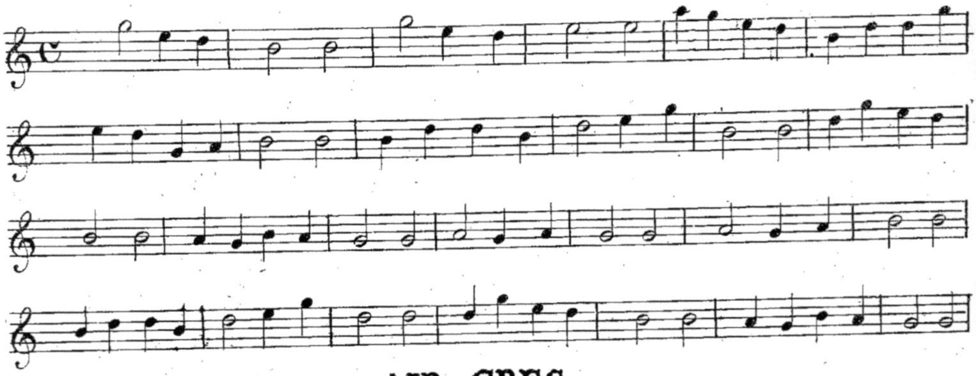

AIR GREC

Ode de pindare

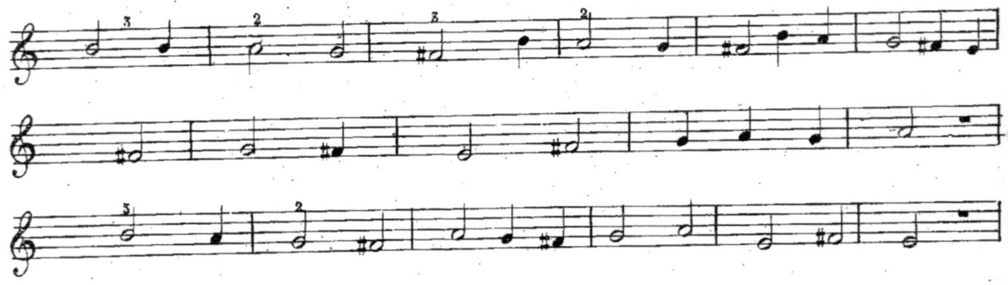

CHOEUR

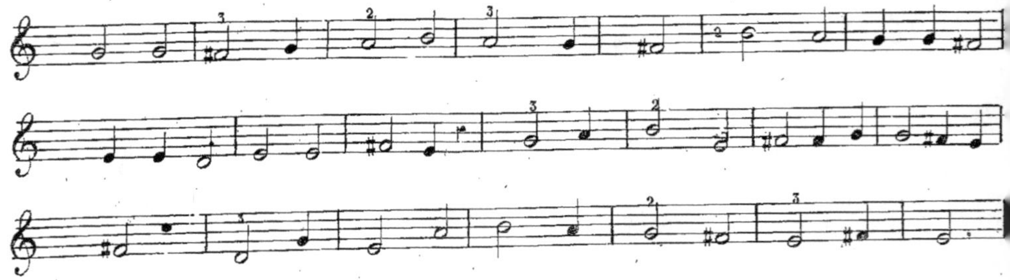

17e Se.

AIR ITALIEN.

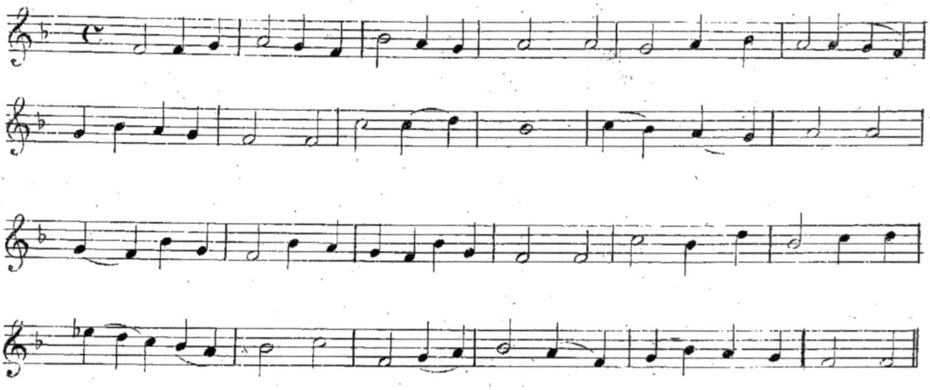

AIR NORWÉGIEN.

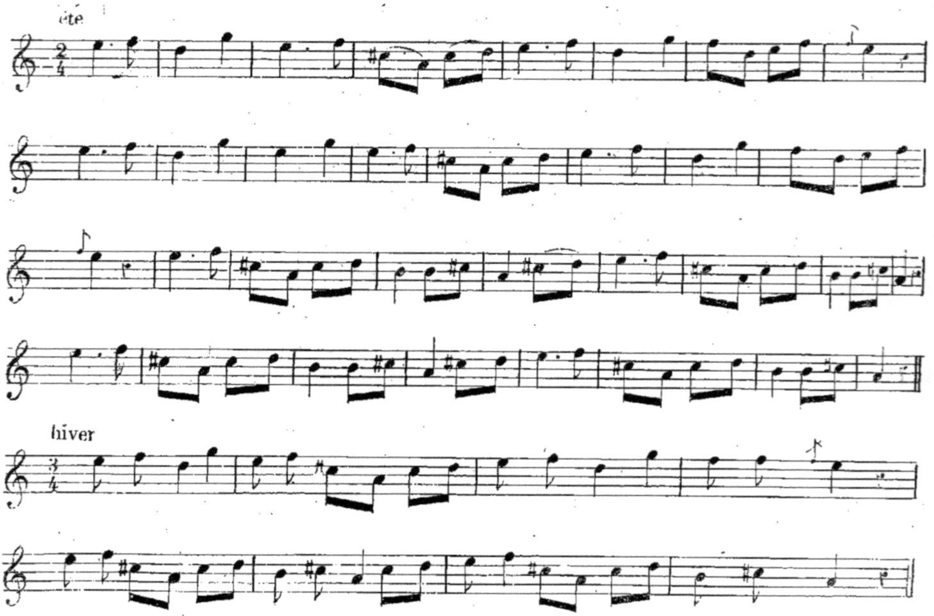

AIR PERSAN

AIR AMÉRICAIN

DANSE CANADIENNE

AIR DES KALMOUKS

Complainte d'une veuve pleurant son époux

ESSAI

sur

L'INTELLIGENCE DE PLUSIEURS LOCUTIONS

La PHONIQUE est la science ou la doctrine des sons, appelée plus souvent ACOUSTIQUE. Pris adjectivement, ce mot désigne un espace elliptique, sous lequel les sons sont répétés par un écho. On dit d'un espace quelconque qui renvoie l'écho qu'il est *Phonocamptique*. Un *Espace Phonique* diffère d'un *Espace Sonore* en ce qu'il répercute (réfléchit) le son, tandis que ce dernier ne fait qu'en développer les vibrations.

L'HOMME seul peut vraiment articuler les sons et jouit de l'usage de la parole.

Ce pivilége, qui lui est accordé par la VOLONTÉ DIVINE, est le miroir de l'intention, comme le geste est le signe spontané de la volonté ou de l'impression.

Par le mouvement, l'*homme* indique, et par la voix il émeut et pénètre.

La VOIX est un son appréciable résultant des vibrations de l'air attiré ou repoussé par les poumons et frémissant contre les parois de différents organes, pour former ensuite les ondulations sonores vocales.

Dans la *Voix* on distingue : la PAROLE (*Voix articulée*), la DÉ-

CLAMATION (*Parole modulée*), le CHANT (*Phonation harmonisée*), et le CRI (*Mouvement vocal subit* que produit un excès de joie ou de douleur).

Le CHANT est propre à peindre les diverses agitations de l'âme ; et cela est si vrai, que nous élevons ou abaissons naturellement la voix en parlant, si nous voulons pénétrer sensiblement la personne qui nous écoute.

Voici l'explication de l'aperçu anatomique que nous offrons : au-dessous de la lèvre supérieure se trouvent quelques dents qui garnissent le devant de la voûte Palatine (partie interne, concave et supérieure du Palais). L'Épiglotte (vulgairement appelée Luette), qui est située au fond du Palais, à l'entrée du Gosier, est de forme ovalaire à son extrémité indépendante, et s'avance comme une soupape sur l'embouchure du Larynx, appelée Glotte. La Glotte, qui est l'organe essentiel de la voix et qui sert à la former, est l'ouverture supérieure du Larynx, dont les deux lèvres tendineuses prennent le nom de cordes vocales.

L'on remarquera les deux Aryténoïdes, oblique droit, oblique gauche, et celui transverse qui forment l'embouchure (Glotte) extensive et contractive du Larynx. Plus bas se trouvent les cinq cartilages du Larynx proprement dit, qui fait partie lui-même de la Trachée-Artère, ou grand conduit aérifère communiquant aux Poumons, viscères spongieux et mous qui attirent ou repoussent l'air que nous respirons, et qui agissent en cela comme l'outre de la Musette dont nous donnons le dessin.

Pendant la PHONATION (Formation de la voix) :

Les INSPIRATIONS (action par laquelle les Poumons attirent l'air dans leurs cellules spongieuses par dilatation) s'accélèrent, se ralentissent ou se prolongent.

Les EXPIRATIONS (rétrécissement partiel ou complet des Poumons, par lequel l'air en est chassé des cavités) sont longues, courtes ou brusques.

Les BRONCHES et la TRACHÉE-ARTÈRE (conduits aérifères) fonctionnent relativement comme conducteurs et modérateurs.

Le LARYNX, espèce de boîte cylindrique, formée de cinq anneaux cartilagineux, minces et élastiques, placé à la partie supérieure de la *Trachée-Artère*, s'élève ou s'abaisse selon que le son de la voix est aigu ou grave. C'est principalement de la régularité avec laquelle s'exécutent les différents mouvements du Larynx que dépend la pureté du chant.

La GLOTTE (organe essentiel de la voix) par laquelle l'air que nous respirons ou que nous chassons des Poumons descend ou remonte, s'agrandit ou se resserre, et ses deux lèvres cartilagineuses (cordes vocales) se tendent plus ou moins un peu avant que l'air ne s'échappe du Larynx pour filer entre elles.

Cet organe délicat peut être considéré comme l'étamine de la voix.

L'ÉPIGLOTTE (vulgairement appelée Luette) assez semblable à une soupape, repose sur l'orifice supérieur du Larynx, et peut modifier l'intensité de la voix; néanmoins ce cartilage flexible semble être inutile à la Phonation, puisque le gosier du rossignol en est dépourvu.

Enfin, le COU (partie du corps qui joint la tête aux épaules) s'alonge ou se raccourcit.

Les mots qui renferment le plus de *voyelles* sont les plus propres au Chant, parce que nous les prononçons facilement.

C'est à cause de cela que les langues grecque, latine, italienne, russe et espagnole favorisent à un haut degré le développement de la voix.

Cicéron appelait les voyelles Voix (vocis), mot duquel on forma vocal (vocalis), c'est-à-dire qui s'énonce, qui s'exprime par la voix. Les VOYELLES (naturelles) sont A, E, I, O, U.

Les CONSONNES M, N, R, L, sont labiales, orales, nasales ou linguales, suivant que, pour les articuler, la langue frappe la voûte

palatine, les lèvres ou les dents. K, T, P, Q, G, D, B sont explosives.
H, X, S, V, F, C sont sifflantes.

Le SON est l'impression que les ondulations de l'air produisent
sur l'ouïe, il la touche et la frappe. Le son est appréciable et
peut être exactement mesuré ou reproduit ; mais le bruit n'est
qu'un assemblage indéfinissable de sons diffus et incohérents.
L'acuité d'un son est la hauteur qui le rend aigu ; cette qualité du
son est opposée à la gravité sonore. L'INTENSITÉ du son tient à
l'amplitude des mouvements vibratoires du corps qui les produit ; le
TON dépend du nombre des vibrations, et le TIMBRE résulte de la
perfectibilité des mouvements vibratoires et de la densité du milieu
qui le transmet.

Le Son parcourt environ 340 mètres à la seconde, dans un milieu
dont la température est de 16°.... Avec le SONOMÈTRE ou MO-
NOCORDE , instrument propre à mesurer et à comparer les sons
entre eux, on trouve que les notes naturelles UT, RÉ, MI, FA, SOL,
LA, SI, UT, sont représentées par les nombres comparatifs suivants :
1, 8/9, 4/5, 3/4, 2/3, 3/5, 8/15, 1/2.

Le TIMBRE de la voix se divise en deux catégories, savoir : celle
des orateurs et celle des chanteurs. La première espèce de timbre
constitue la parole concertée, c'est-à-dire celle qui prend un caractère propre, suivant les inflexions plus ou moins graves, plus ou
moins aiguës de la voix naturelle ; c'est le récitatif des orateurs qui,
chez les anciens, différait beaucoup du ton ordinaire, en ce qu'il était
un peu chanté et qu'il tenait presque le milieu entre la parole habi-
tuelle et le récitatif lyrique. C'est ce qui engagea les orateurs GRECS
et LATINS à se faire accompagner par un joueur de *Flûte*. La seconde
espèce de timbre est celle des chanteurs. Elle est formée par le mouvement réglé des vibrations vocales et elle constitue le chant proprement dit. Il ne faut pas oublier qu'un son vocal n'a plus de timbre,
sitôt qu'il tourne au FAUSSET. Par extension, l'on dit qu'un instrument a un bon timbre, quand les sons qu'il rend sont purs et nets.

Une CONSONNANCE est l'accord de deux sons, dont l'union satisfait l'ouïe. L'OCTAVE, la QUARTE et la QUINTE sont des consonnances parfaites ou justes. Les accords consonnants doivent généralement commencer et terminer une phrase musicale.

L'ACCORD PARFAIT est l'accord consonnant par excellence.

Une DISSONNANCE est l'union de deux sons, dont la double résonnance affecte l'oreille d'une manière désagréable. La SECONDE, la SEPTIÈME et la NEUVIÈME sont des dissonnances réelles, la QUARTE peut le devenir, enfin la TIERCE et la SIXTE en prennent quelquefois le caractère. Règle générale : une dissonnance doit être préparée par une consonnance, avant que d'être entendue; après son effet elle doit se résoudre ou se sauver sur un autre degré consonnant, supérieur ou inférieur.

MAJEUR, le mode ou *Ton Majeur* est celui dont la Tierce *est Majeure*, c'est-à-dire composée de deux tons. Un intervalle est majeur quand il comprend un espace naturel de la gamme sans subir aucune altération.

MINEUR, le mode mineur ou *Ton Mineur* est celui dont la Tierce *est Mineure*, c'est-à-dire composée d'un ton et demi. La septième note d'un mode mineur doit être augmentée d'un demi ton de son relatif majeur en montant; l'INTERVALLE de la Quinte *Juste* ou *Parfaite* se compose de trois tons et demi. La QUINTE *est dite* Superflue, si elle est augmentée d'un demi-ton ; et elle se nomme diminuée, quand elle n'a que trois tons. Les intervalles variables, c'està-dire qui prennent le nom de majeur ou de mineur, sont la seconde, la sixte et la septième ; c'est pour cela qu'un de ces intervalles est diminué ou est augmenté selon que le son fondamental ou que le son d'éloignement se rapproche ou s'éloigne du centre rayonnant des vibrations.

Le GENRE DIATONIQUE procède par les tons naturels d'une Gamme. En ut naturel majeur, ut, ré, mi, fa, sol, la, si et ut octave, donnent complétement l'étendue du genre diatonique, formé en majeur

de deux tons, d'un demi-ton, de trois autres tons et d'un dernier semi-
ton expirant sur l'octave. En majeur, le genre diatonique procède à
l'inverse, mais également en descendant sur les degrés de la gamme;
tandis qu'en mineur le ton est d'autant plus caractéristique dans le
genre diatonique, que la septième note de la gamme est augmentée.
Ex. : En montant : Ton de la naturel mineur : de la à si un ton, de
si à ut un semi-ton, d'ut à ré un ton, de ré à mi un ton, de mi à fa un
demi-ton et de fa à sol dièze un ton et demi, de sol dièze là la un demi-
ton, se résolvant de suite sur l'octave tonale. En descendant, ce genre
diffère en ce que le sol dièze redevient naturel et ne forme plus qu'un
ton jusqu'à fa.

Le GENRE CHROMATIQUE procède par plusieurs semi-tons
(demi-tons) consécutifs. Si l'on veut procéder chromatiquement, il
faut qu'à partir du point de départ jusqu'à la dernière note, tous les
sons, inclusivement compris entre les deux données, se succèdent con-
sécutivement. Ex. : en ut majeur d'ut à sol : ut, ut dièze, ré, ré
dièze, mi, fa, fa dièze et sol.

Le GENRE ENHARMONIQUE moderne n'a aucune ressemblance
avec celui des GRECS, qui procédait par deux quarts de ton et une
tierce majeure ; mais il consiste tout simplement dans la substitution
du nom d'une note quelconque, sans en changer la qualité. C'est en
procédant par le genre enharmonique que l'ut naturel peut, sans changer de nature, prendre le nom désignatif de si double-dièze ou de ré
double-bémol. Néanmoins, quoique toute note puisse prendre un
nouveau nom, sans changer de nature, il est bien entendu qu'elle
prend un caractère harmonique différent ; car si la note tonique ou
naturelle tend à rester en place, le double-bémol tend à descendre et
le double-dièze à monter.

Le CHANT, la MÉLODIE, unis à l'HARMONIE, doivent s'assi-
miler intimement aux paroles et aux actions théâtrales, en accompagnant le *Poème;* c'est-à-dire que la partie musicale roulant sanscesse
avec le poème expressif, doit peindre la situation heureuse ou pénible

du personnage, et de plus exprimer fidèlement ses espérances ou ses craintes, son amour ou sa haine, ses désirs ou son désespoir, sa clémence ou ses fureurs ; en un mot il faut que la musique dramatique ou imitative du grand Opéra, de l'Opéra comique, etc., saisisse le spectateur ou de crainte, ou de joie, ou de pitié, ou de terreur.

L'ANTIPHONIE des Grecs était une espèce de SYMPHONIE qui s'exécutait par des voix ou par des instruments, à l'octave ou à la double octave, par opposition à celle qui s'exécutait en HOMOPHONIE.

Un Antiphonaire est un livre qui contient les ANTIENNES ou VERSETS qui s'annoncent avant les psaumes qu'on chante dans les *Églises*.

Un CHANT LITURGIQUE est celui qui appartient au culte religieux et dont toutes les paroles y sont consacrées. La musique destinée à célébrer les louanges de Dieu, s'appelle MUSIQUE SACRÉE. Certains DRAMES LYRIQUES, comme le Joseph, de Méhul ; le Moïse, de Rossini, etc., prennent le nom d'OPÉRAS SACRÉS (Hiérodrames). Toute espèce de chant ou de musique qui est en dehors du culte divin, est appelée Profane. Un CONCERT SPIRITUEL est celui dans lequel on n'exécute que de la musique Sacrée.

Un CHŒUR est une réunion de musiciens qui chantent ensemble, avec ou sans accompagnement d'Orchestre. Dans le premier cas, le mot chœur exprime bien l'idée d'un concert de voix et d'instruments, car dès la plus haute antiquité, les chœurs qui chantaient dans la *Tragédie* et s'intéressaient à son action, étaient accompagnés par des *Joueurs* de *flûte* ou par des HARPISTES appelés *Chorocitharistes*. Dans le second cas, un ensemble de voix prend ordinairement le nom d'ORPHÉON plutôt que celui de chœur.

Un ENFANT DE CHŒUR est celui qui, n'ayant pas encore atteint l'âge de puberté, chante au chœur.

L'ORPHÉON ou ORPHÉOS des anciens, était une espèce de vielle assez semblable à celle dont se servent nos Savoyards, mais elle était de dimensions plus grandes dans toutes ses parties. On appelle, de nos jours, ORPHÉON, une réunion de choristes, qui exécute des

11

morceaux à plusieurs parties. L'Étymologie du mot Orphéon ne vient pas de Orphéos (instrument de musique), mais bien d'Orphée, fils d'Apollon et de la muse Clio.

Un CONCERT est une assemblée, dans laquelle des MUSICIENS, *chanteurs* et *instrumentistes*, font entendre tour à tour des morceaux de chant, des pièces de musique instrumentale de différents caractères et quelquefois des chœurs et des symphonies. Le plus habituellement la symphonie d'un concert prend le nom caractéristique de CONCERTO, parce que plusieurs instruments privilégiés du compositeur sont destinés à faire briller, l'un après l'autre, des saillies de finesses musicales que doit accompagner l'orchestre.

La COMÉDIE ancienne était un poème dramatique, que les Grecs appelaient κωμηδια, formé de deux mots dont l'un signifie *bourg* et l'autre *je chante*, parce que des acteurs ou des poètes allaient de ville en ville pour y chanter leurs comédies.

La TRAGÉDIE (en grec τραγωδια, mot formé du substantif *bouc* et du verbe *je chante*) fut ainsi appelée parce que l'on sacrifiait un bouc à *Bacchus*, avant le lever du rideau, et qu'ensuite le poème tragique était chanté ; enfin l'art tragique consistait en paroles concertées et déclamées, en chœurs, en gestes et en danses, ce qui, pour nous autres, serait à peu près le drame lyrique, fort semblable à l'OPERA, au Grand-*Opera* ou OPERA-SERIA, pièce dramatique en haute musique, entièrement chantée et pendant laquelle s'exécutent souvent des Danses ou des Ballets. L'OPERA COMIQUE, plus libre dans ses formes et moins scrupuleux, consiste en chants et en déclamation, mais tous les points saillants et particuliers doivent être chantés; pour le reste il est parlé. L'OPERA BUFFA ou Bouffe est une espèce de comédie satyrique et lyrique, qui rappelle les ATELLANES, jeux *Osques* des Latins, ou comédies populaires que les Espagnols appellent encore aujourd'hui SAYNÈTES.

La DANSE consiste en divers mouvements du corps, qu'on fait

pour caractériser le maintien et pour suivre gracieusement le rythme et les cadences musicales.

Le BALLET est une danse figurée et concertée entre plusieurs danseurs, qui doivent représenter différents personnages et jouer la *Pantomime* en folâtrant sur la scène.

La CHORÉGRAPHIE est l'art de noter les pas et les figures d'une Danse ou d'un Ballet.

Le SOLO est la partie chantante qu'une seule voix ou qu'un seul instrument exécute en dehors de la musique d'ensemble, et dont toutes les parties ne doivent plus former que l'accompagnement. Les Solo d'instruments s'emploient principalement dans les *Concerto* et ceux de la voix dans les *Chœurs.*

Le DUO est une pièce de musique composée pour deux voix ou pour deux instruments. Quelquefois il arrive qu'une des deux parties chantantes d'un duo se repose ou attend que l'autre prépare une nouvelle phrase musicale que doivent terminer ensemble les deux parties. Le duo engendre la MÉLODIE.

Le TRIO se compose de trois parties bien distinctes et *absolument* inséparables les unes des autres, parce qu'elles doivent former un Ensemble Parfait. Le *Trio* doit toujours chanter sans que l'Harmonie qu'il fait naître soit exclue un seul moment de l'ensemble mélodieux.

Le QUATUOR doit être la quintessence de l'art musical, ses quatre parties doivent rappeler tour à tour le chant du solo, la mélodie du duo, l'harmonieuse mélopée du trio et la science de l'harmonie à quatre parties, qui permet de développer les plus grandes ressources du calcul harmonique.

Le QUINTETTE ou QUINTETTO n'offre pas plus d'intérêt que le quatuor ; mais la ressource de ces cinq parties procure l'avantage précieux d'un petit ensemble symphonique et du complément harmonique. Enfin, les quintetti tiennent le milieu entre les Trio, les Quatuor et les Symphonies.

La SYMPHONIE consiste en divers sons harmonieusement entremêlés et combinés les uns avec les autres. Une symphonie vocale est exécutée seulement par des voix, et une symphonie instrumentale, par des instruments. La haute symphonie est exécutée par des voix et des instruments : elle diffère de l'Opéra en ce qu'elle n'est pas unie comme lui à l'action théâtrale ; c'est-à-dire qu'elle exclut de son mouvement dramatique la *Mise en scène* et le *Geste*.

L'HOMOPHONIE est l'ensemble de plusieurs voix qui chantent à l'unisson. L'HOMOPHONIE diffère de l'EUPHONIE, en ce qu'elle exige que les notes soient chantées sur le même degré et que le timbre en soit exactement semblable ; ainsi un *Ténor* et un *Contralto* ne peuvent chanter l'homophonie, mais bien chanter à l'unisson ou à l'euphonie, selon la position respective des sons.

L'EUPHONIE est le son pur et réglé d'un seul instrument ou d'une seule voix. Par extension musicale, l'euphonie a lieu dans l'unisson, car l'unisson est l'accord de deux ou plusieurs voix, de deux ou plusieurs instruments qui ne font entendre qu'un même son , c'est-à-dire un son occupant le même degré, mais n'ayant pas la même qualité de timbre.

Une CACOPHONIE est la dissonnance dans les instruments qui jouent ou dans les voix qui chantent ensemble. Le sens de cette expression est l'inverse de celui du terme *Euphonie*.

L'APHONIE, amphotide ou extinction de voix, met une personne dans l'impossibilité de produire des vibrations musicales, d'articuler des sons et même de parler.

Une MESURE est mathématiquement une quantité, qui sert d'unité de comparaison à plusieurs grandeurs de même espèce. Dans le sens musical la mesure est de plus, le MOUVEMENT IDENTIQUE qui règle les temps et les intervalles de temps, qu'on doit observer pendant une période de mesures. Dans la mesure à trois-quatre 3/4, par exemple, l'unité est représentée par une blanche pointée et sert de valeur comparative aux autres mesures suivantes, dont chacune vaudra une blanche pointée. (Cette suite de *mesures égales* est une période musicale.)

Les quantités qui forment l'unité de la mesure à 3/4, sont trois noires. Ces trois valeurs divisibles servent à marquer le mouvement identique de cette mesure qu'on divise en trois temps, et chaque temps règle les valeurs intermédiaires. Toute espèce de mesure est divisible en quantités.

Il y a cinq MOUVEMENTS principaux d'expression musicale, qu'on ne doit pas confondre, mais bien faire marcher conjointement avec la durée identique et invariable de la mesure proprement dite. Ainsi, l'on ne doit pas confondre le mouvement ou accent expressif d'une pièce de musique, avec le mouvement identique ou mesure, dont la valeur réelle et constante est toujours indiquée par des chiffres; du reste le mouvement métrique ou absolu d'une composition musicale quelconque est parfaitement exprimé en italien, par ces mots : *Tempo-Guisto*, traduits par ceux-ci : *conformément à la mesure de la durée*....... Supposons qu'un compositeur ait l'intention de créer un morceau de chant; de quoi s'occupe-t-il d'abord? du mouvement métrique. Supposons maintenant qu'il arrive à trois-quatre, lorsqu'il aura combiné la partie chantante avec la partie mélodique, et toutes les deux avec l'harmonie, il cherchera un mouvement d'expression, afin de caractériser le mouvement de durée.

Le motif et les parties concertantes se développeront concurremment sur la ligne des espaces qu'aura également divisée la mesure à trois temps, pendant que le mouvement d'expression changera selon le bon vouloir du compositeur, mais toutefois sans altérer la division métrique.

Maintenant que nous avons parlé de la différence des temps de mesure avec les mouvements expressifs, voyons, en procédant du lent au vif, la différence essentielle qui existe entre les mouvements d'expression :

Expressions positives.	Expressions modifiées ou augmentées.
1° LARGO, large.	
	LARGHETTO, un peu large.
2° ADAGIO, à loisir	
	AFFETTUOSO, avec suavité.
	ANDANTINO, assez gracieux.
3° ANDANTE. gracieux	
	ALLEGRETTO, un peu gai.
4° ALLEGRO, enjoué, quelquefois avec fureur et impétuosité.	
5° PRESTO, prompt.	
	PRESTISSIMO, très vif.

NOTA. — C'est par extension musicale que l'*affettuoso* tient le juste milieu entre l'adagio et l'andante.

Assai placé devant un mot en augmente la valeur comme superlatif.

FIN DU VOLUME.

Paris. — Typographie Lacour, rue Soufflot, 18.

Image Symbolique de la Flûte de Pan.

APOLLON ET MUSES DE L'INDE.

ΔΙΟΣΚΟΥ ΡΟΟΗΣ ΣΛΜΙΘΕ ΣΤΟΛΑΕ

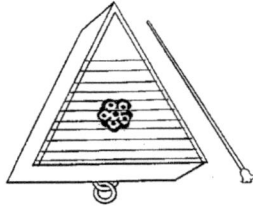

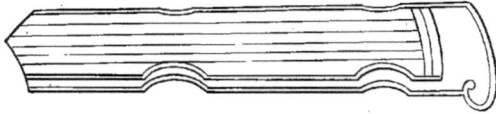
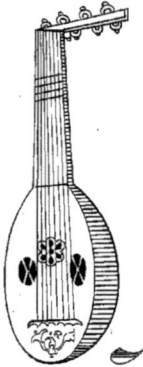

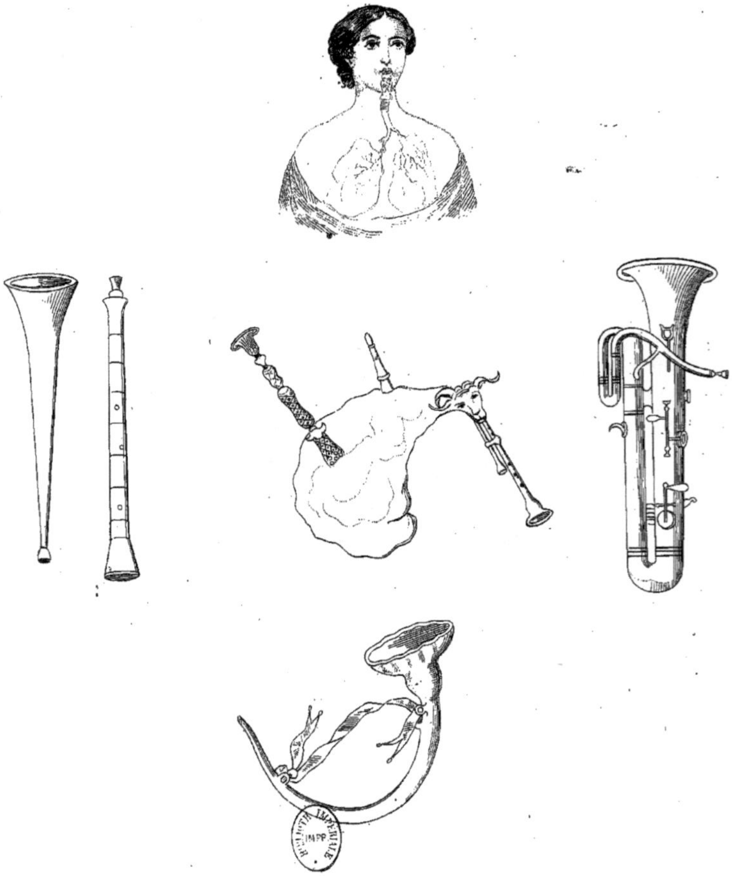